Klaus Beckmann

Nicht alles egal!

Klaus Beckmann

Nicht alles egal!

Evangelische Predigten aus Gemeinde, Schule und Kaserne

Fromm Verlag

Impressum/Imprint (nur für Deutschland/ only for Germany)
Bibliografische Information der Deutschen Nationalbibliothek: Die Deutsche Nationalbibliothek verzeichnet diese Publikation in der Deutschen Nationalbibliografie; detaillierte bibliografische Daten sind im Internet über http://dnb.d-nb.de abrufbar.

Coverbild: www.ingimage.com

Contact:
International Book Market Service Ltd., 17 Rue Meldrum, Beau Bassin, 1713-01 Mauritius
Website: www.bookmarketservice.com
Email: info@bookmarketservice.com

Gedruckt in: USA, UK, Deutschland. Dieses Buch wurde nicht in Mauritius produziert.

Imprint (only for USA, GB)
Bibliographic information published by the Deutsche Nationalbibliothek: The Deutsche Nationalbibliothek lists this publication in the Deutsche Nationalbibliografie; detailed bibliographic data are available in the Internet at http://dnb.d-nb.de.

Cover image: www.ingimage.com

Contact:
International Book Market Service Ltd., 17 Rue Meldrum, Beau Bassin, 1713-01 Mauritius
Website: www.bookmarketservice.com
Email: info@bookmarketservice.com

Printed in: U.S.A., U.K., Germany. This book was not produced in Mauritius.

ISBN: 978-3-8416-0155-1

Inhaltsverzeichnis

Durch das Jahr

Menschen Gottes

David, König Israels

Propheten, schräge Vogel

Gelegentlich gesagt

Wie der Regen und Schnee vom Himmel fällt
und nicht wieder dahin zurückehrt,
sondern feuchtet die Erde und macht sie fruchtbar und lässt wachsen,
dass sie gibt Samen, zu säen, und Brot, zu essen,
so soll das Wort, das aus meinem Munde geht, auch sein:
Es wird nicht leer zu mir zurückkommen,
sondern wird tun, was mir gefällt.

Jesaja 55,10f

Vorwort

Wohl kein anderer Beruf schenkt so viel Freiheit und erfordert zugleich so viel innere Freiheit wie der des Predigers des Evangeliums. Trotz im Pfarrdienst durchlebter Höhen und Tiefen wüsste ich bis heute nichts, was ich lieber täte. So kann ich diesem Buch nur kritische und wache Leser wünschen, die durch meine Versuche, biblische Aussagen zu verstehen und auf unsere Gegenwart zu beziehen, angeregt werden, die Bibel selbst vorzunehmen und aus ihren ewig jungen Texten Tieferes herauszuholen, andere Ansätze zu entwickeln, mehr Orientierung und Trost zu gewinnen, als es mir gegeben war.

Für die Beurteilung fremder und eigener theologischer Arbeit gilt indes die lebenskluge Ermahnung: „Sei nicht allzu gerecht und nicht allzu weise, damit du dich nicht zugrunde richtest.“ (Prediger 7,16)

Dem Fromm-Verlag danke ich für die Einladung, diese Predigtsammlung zu veröffentlichen.

Ich widme den Band meinen Hörern – in Uniform und zivil.

Lahnstein, Trinitatis 2011

Dr. Klaus Beckmann

Durch das Jahr

Das offene Versprechen

Erster Advent

Es kommt die Zeit, spricht der Herr, dass ich dem David einen gerechten Spross erwecken will. Der soll ein König sein, der wohl regieren und Recht und Gerechtigkeit im Land üben wird.
Jeremia 23, 5 (5-8)

Liebe Gemeinde!
Wann ist ein Versprechen erledigt?
Erste Antwort: Wenn das Versprechen erfüllt ist.
Zweite Antwort: Wenn alle vergessen haben, was versprochen wurde, und niemand mehr erwartet, dass das Versprechen einmal erfüllt wird.
Jeremia erinnert uns an ein sehr altes Versprechen. Gegeben wurde es dem König David, dem legendären Herrscher über Israel, heute vor etwa 3000 Jahren. Zur Zeit Jeremias war das 400 Jahre her.
„Siehe, es kommt die Zeit, spricht der Herr, dass ich dem David einen gerechten Spross erwecken will. Der soll ein König sein, der wohl regieren und Recht und Gerechtigkeit im Land üben wird.“
Ein eindeutiges Versprechen. Es geht um Erbfolge, um den Bestand eines Herrscherhauses. Genauso geht es um den gerechten Gebrauch von Macht, um das gute Regieren eines Landes, so dass die Menschen gedeihlich und gerne darin leben.
Ein eindeutiges Versprechen. Und eines, das dem, der es gibt, viel bedeutet. Denn er bindet sich selbst, seinen Namen, an diese Zusage: Wenn man ihn bis-

her mit der Befreiung der Sklaven aus Ägypten in Verbindung brachte, so soll man ihn künftig nennen mit dieser versprochenen Tat. Er ist der, der dem David einen gerechten Spross erweckt und so dem Land eine gute Regierung schenkt, damit die Menschen dorthin ziehen und in Frieden dort leben. Gottes Name soll geachtet werden dieser Tat wegen.

Ist das erfüllt? Hat Gott ein für alle Mal seinem Namen Achtung erworben, indem er die gerechte Herrschaft des Davidsohnes aufrichtete? Sehen alle, dass Gott es ist, groß und mächtig, der die Menschen aus der Zerstreuung in Sein Land bringt und so Frieden und Recht schafft?

Nein, das sehen nicht alle. Niemand, der ehrlich ist und bei Verstand, sieht das. Auf unserer Erde wird nicht gerecht regiert. Es herrscht kein Friede unter den Menschen und Völkern, weder im Heiligen Land noch sonst irgendwo auf diesem Planeten. Tief vorgedrungen ist die Nacht, der Tag ferner denn je. Mörderischer Terror zermürbt Davids Land. Zivilisten werden von frommen Fanatikern in die Luft gesprengt. Mütter fürchten jeden Morgen, dass ihre Kinder nicht mehr lebendig und gesund von der Schule heimkommen. Israelische Wehrpflichtige sehen sich in schreckliche Situationen hineingezwungen. Die Politik weiß beim besten Willen keinen Ausweg. Und selbsternannte Gutmenschen bei uns geizen nicht mit überschlauen Kommentaren. Klar, wer einigermaßen bequem und sicher wohnt, zum Beispiel in Deutschland, kann Anderen leicht das Loblied der Wehrlosigkeit singen, er muss für die eigene Fehleinschätzung nicht die Haut hinhalten.

Die einst dem David gegebene Zusage, die Jeremia 400 Jahre später erneuert und die uns heute immer noch als Predigttext vor Augen und in die Ohren kommt, ist sie wert, vergessen zu werden? Widerlegt die Friedlosigkeit nicht nur des Heiligen Landes, sondern bei Lichte besehen der ganzen Erde die Hoffnung auf Gerechtigkeit und Frieden?

Lasst alle Hoffnung fahren!? Muss ich mich damit abfinden, dass Starke Schwache ausnutzen und niederdrücken, dass der bekommt, der am lautesten schreit, während der Bescheidene das Nachsehen hat? Muss ich mich drein schicken, dass das Recht eine Sache des Geldbeutels ist oder wenigstens der Gerissenheit, dass das Recht aber mit gleichem Maß, mit Ehrlichkeit und Redlichkeit im wahren Leben nichts zu tun hat? Muss ich schulterzuckend akzeptieren, dass es Lebensverhältnisse gibt, die Menschen krank machen, dass Herkunft und Wohnadresse über die Lebenserwartung entscheiden?

Wenn Gott ausgespielt hätte, dann wäre das so. Dann bliebe unsere Erde für immer ihrer grausamen Ordnung ausgeliefert. Nacht, wohin ich auch schaue! Dann hätte der eben Pech gehabt, der irgendwo in einem lateinamerikanischen Elendsviertel geboren wird. Dann wäre dem Kind nicht zu helfen, dessen Eltern sich nicht dafür interessieren, wie es aufwächst. Dann wäre die schlechte Schule, die abgebrochene Ausbildung der Freifahrschein ins ewige Abseits. Was die Kirche zu sagen hätte, könnte allenfalls den Schmerz der zu kurz Gekommenen für ein Weilchen betäuben, ohne dass wirklich Aussicht auf Änderung bestünde.

Erledigt, weil wert, vergessen zu werden: Ist das das angemessene Urteil über die Zusage des Davidsohnes? Ist mit dieser Zusage dann auch gleich Gott insgesamt erledigt und wert, vergessen zu werden – immerhin hat er selbst seinen Namen aufs Spiel gesetzt?! Er will der heißen, der den gerechten Herrscher auf die Erde schickt.

Nein! Nicht erledigt ist dieses Versprechen. So wenig es erfüllt ist, so wenig ist die Zeit am Ende angekommen! Ich verweigere dem Zug der Resignation die Gefolgschaft. Ich protestiere gegen die große Gleichgültigkeit. Ich will nicht sagen: Gott ist widerlegt, weil alles so schlimm ist – und ich sage das auch nicht! Denn klar und eindeutig ist sein Wort. Er sagt: Ich werde kommen, und dann wird nicht egal sein, wie Ihr gelebt habt in Eurer Zeit.

Wer wollte sich das Recht herausnehmen, Gott eine zeitliche Grenze zu ziehen: Wenn es nach so und so viel Jahrhunderten offensichtlich nicht geklappt hat, dass Recht und Friede einziehen auf der Erde, dann kann es nie mehr etwas werden? Wer dürfte sich anmaßen, Gottes Versprechen in die eigene Obhut zu nehmen und frech zu behaupten, es gehe hier ja gar nicht um den wirklichen Frieden auf der wirklichen Erde, sondern um den inneren Frieden dessen, den die böse Welt nicht schert? Das Gottesreich finde im Innern, im Privattheater der frommen Seele statt... Nein: Verteidigung im Namen eines solchen egoistischen Kleinglaubens hat der Gott Israels nicht nötig. Friede ist Friede zwischen Menschen und Völkern – oder er ist kein Friede.

Gottes Zusage meint den wirklichen Frieden. Sie meint Dich, der Du in der Familie nicht mehr ein noch aus weißt. Sie meint Deinen Streit am Arbeitsplatz. Sie gilt meinen Sorgen um die Gesundheit. Gott kennt die vielen Gräber, in denen Menschen viel zu früh verscharrt worden sind. Er umgeht nicht die enttäuschten Hoffnungen, die abgebrochenen Lebenswege; genau sie redet er an: Ich werde Gott sein mit Euch, Ihr werdet mein Volk sein und leben unter meinen freundlichen Augen. Im Dunkel von Leid und Schuld leuchtet der Stern der Verheißung. Gottes Zusage weicht der bitteren Wirklichkeit der Kriege und des Hungers nicht aus. Klar und eindeutig bestimmt sein Wort durch den Propheten Micha, was sein soll unter uns: *Es ist Dir gesagt, Mensch, was gut ist und was der Herr von Dir fordert, nämlich Gottes Wort halten und Liebe üben und demütig sein vor Deinem Gott.*

Gesehen wird, was auf dieser Erde los ist. Kein Schmerz bleibt unbemerkt. Nicht eine Träne zerrinnt, ohne dass Einer daran Anteil nähme. Kein vom Unrecht Hingemordeter geht seinen Weg allein. Es ist gesagt, was gut ist. Versperrt ist der billige Ausweg, die Allmacht des fernen Gottes anzuklagen. Wer da tönt: „Gäbe es Gott, dann ließe er nicht das viele Unrecht zu", der frage sich erst einmal selbst, warum er denn bei sich und seinen Nächsten so viel Unrecht zulässt. Warum kümmere ich mich nicht um das geprügelte Kind in der Nachbarwohnung? Weghören kostet doch auch Anstrengung. Warum habe ich so lange nicht gefragt, wie es meiner Mutter geht? Warum lasse ich zu, dass Außenseiter geschnitten und terrorisiert werden? Warum setze ich meine Kraft, statt nur zu klagen, nicht ein, damit es auf unserer Erde für alle ein bisschen menschlicher

wird? Gott redet mich an. Er traut mir zu, Hand anzulegen an unsere Erde. Mitten in ihrem Dunkel wohnt er. Sein Licht gibt mich und Dich nicht verloren.
Egal wird nicht sein, wie ich gelebt habe, dann, wenn er kommt. Da wird gefragt, ob ich seine Ankunft vorbereitet habe. Ob ich die Erde ein klein wenig verändert habe, damit er sie als seine Erde erkennen konnte.
Weil Gottes Versprechen nicht erfüllt ist, feiern wir Advent. Advent heißt: Unsere Zeit spannt sich aus zu *seiner* Ankunft hin. Advent heißt deshalb aber auch: Gottes Versprechen ist nicht vergessen. Es ist aktuell, es geht uns an, mehr denn je.
Bunte Lichter, die die Dunkelheit unserer Zeit überblenden, braucht es da nicht. Künstliches Licht verdirbt die Augen. Es wirft den, der daneben im Düstern sitzt, nur noch tiefer in den Schatten. Advent braucht offene Augen, sensible Herzen, die das Elend der Zeit aufspüren. Nicht ins künstliche Licht sieht Gott, sondern in die dunklen Elendsviertel der Städte und in die Elendsviertel der Seelen. Dort bringt er kein Kunstlicht zum Gleißen, das im Januar wieder abgeschaltet wird. Nein, dort zündet er für immer ein Licht an. Ein Licht der Hoffnung: Ich bin Dein Gott, mit Dir auf allen Deinen Wegen. Ein Licht der Stärke: Ich trage, was Du nicht tragen kannst. Ein Licht des Vertrauens: Ich bin an Deiner Seite, gerade dann, wenn Deine Angst am größten ist.
Siehe, es kommt die Zeit: Nicht erledigt ist dieses Versprechen. Gott wird kommen, und wir werden freie Menschen werden. Frei, um ehrlich mit uns selbst und mit anderen umzugehen. Frei, an der Not des Nächsten Anteil zu nehmen und Lasten zu teilen. Frei, unsere Erde so zu gestalten, dass Menschen darauf als Menschen leben.
Ja, komm, Herr Jesus! So endet unsere Bibel. Und so beginnt das Jahr der Kirche. Tochter Zion, freue Dich!
Advent ist Kraft zum Hoffen: Gottes Erde ist diese Erde, und ganz und gar Gottes Erde soll sie werden. Zeit in Gottes Händen ist meine Zeit. Ganz und gar Gottes Zeit soll sie werden. Meine Stunden und Minuten, Deine Tage und Jahre

– sie gehören einmal ganz dem, der es unendlich gut meint mit uns. Heimkommen sollen unsere verschlungenen Wege, damit alles in Seinem wahren Licht erstrahle. So wahr der Herr lebt, der sein Versprechen hält, so wahr wird es Advent. Amen.
(2004)

Gott baut ein Haus

Heiliger Abend

So spricht der Herr: Solltest du mir ein Haus bauen, dass ich darin wohne? Habe ich doch in keinem Haus gewohnt seit dem Tag, als ich die Israeliten aus Ägypten führte.
2. Samuel 7,5f (4-16)

Liebe Gemeinde,
dieser Gott wohnt nicht. Noch weniger residiert er. Erst recht hält er nicht Hof, um sich huldigen und mit Geschenken überhäufen zu lassen. Dieser Gott geht mit. Er nimmt Anteil am Leben. Er will auch keine Geschenke.
Was er will, das ist: Vertrauen. Leben nach seinen guten Geboten.
Dieser Gott, dessen Geburt im Stall wir heute feiern, ist der Frontalangriff auf alle religiöse Gewohnheit.
Ein Gott, der sich mit Viehhirten und Tagelöhnern auf den Weg macht zu einem Land, in dem Recht und Freiheit herrschen sollen, ein Gott, der Königen die Leviten liest, ein Gott, der im stinkenden Stall selbst Mensch wird, um dann, von allen verachtet und ausgelacht, am Kreuz zu sterben – der ist kein Gott, wie Menschen ihn sich vorstellen oder gar wünschen. Aber er ist genau der Gott, der

hilft, der da ist, wenn ich im Dunkel vergehe, wenn ich vor Verzweiflung nicht mehr ein noch aus weiß.
Das ist der Gott Israels. Der Herr der Heerscharen. So groß und stark, dass er den Thron und den geschmückten Altar nicht braucht, es vielmehr auf sich nehmen kann, wirklich mitten in unserem Leben zu sein.
König David, der sich selbst in Jerusalem einen Palast errichtet hat, schlägt das Gewissen. Denn als Jude ist ihm gegenwärtig: Der eigentliche König dieses Volkes ist nicht er, sondern Gott. Und wenn nun schon der zum König erhobene Mensch David einen Palast bekommt, dann soll der unendlich große wirkliche König Israels einen noch viel herrlicheren Palast haben.
So denken Menschen. Denn menschliche Macht, da macht der israelitische Held David keine Ausnahme, hat immer etwas mit Schau zu tun und mit Fassade. Ein mächtiger Mensch grenzt sich sichtbar ab von denen, die unter ihm stehen. Den Mächtigen darf man nicht einfach so anreden. Da muss es ein Vorzimmer geben und eine Terminvereinbarung. Da zieht der Besucher, der von unten kommt, den feinsten Anzug an. Da ist das Treffen immer mit Scheu und Bangen behaftet.
Umgekehrt aber hat natürlich auch der mächtige Mensch eine gewisse Furcht angesichts der Begegnungen mit den Normalen. Was, wenn er sich als unausgeschlafen, lahm, begriffsstutzig präsentiert? Wenn der Hosenknopf offen steht? Wenn das Hemd einen Fleck hat?
Was bei normalen Leuten eben so passiert und niemanden kümmert, führt bei dem Herausgehobenen schnell zu Klatsch und Tratsch und gefährdet die Stellung. Macht zu haben, das bewirkt unter Menschen immer Distanzierung, Scheu auf beiden Seiten. Auf beiden Seiten, oben und unten, werden Fassaden aufgerichtet. Keiner ist ehrlich und lässt den Anderen wirklich in sein echtes Leben hineinschauen.
Der König David kann nicht anders, als den Gott Israels in eben diesem Muster zu sehen. Ein Mächtiger braucht doch einen Palast…

Dieser Gott braucht keinen Palast. Als nun wirklich Einziger kommt *er* ohne sichtbare Zeichen von Macht aus, ohne Vorzimmer, ohne Terminvereinbarung, ohne feinen Anzug, ohne alles Brimborium, das menschliche Herrschaft nun einmal begleitet.

Weil *er* wirklich mächtig ist! Weil *er* nicht riskiert, von seinem Thron zu purzeln, wenn er sich Menschen nähert und zu erkennen gibt. Der Gott Israels ist so stark, dass er schwach werden kann.

Er baut sich ein Haus, in seinem Sohn, wie Samuel es hier dem David ankündigt.

Aber wie! Nicht den prächtigsten aller Paläste! Nicht die Zwingburg, hoch erhaben über alle Länder, von allen Menschen gefürchtet! Nein! Dieser Gott kommt zu uns im Stall. Als Kind eines unehelichen Paares. Und der uneheliche Vater ist gar nicht der Vater. Die Mutter weiß nicht, wie ihr geschah. Nichts stimmt da, nach unseren Regeln. Auch heute hätte dieses Paar mit dem unehelichen Kind mit unbekanntem Erzeuger wohl Schwierigkeiten, wollte es eine Wohnung mieten.

So baut sich Gott sein Haus: Indem er unten ankommt. Ankommt dort im Menschenleben, wo aller Lack ab ist. Wo Konflikte überhand nehmen. Wo nichts vorzeigbar ist.

Da kommt Gott an. Um zu dienen. Um zu leiden. Um zu sterben, wiederum aber nicht als weltweit geachteter König oder religiöser Würdenträger, etwa so, wie vor ein paar Jahren der Papst starb, von Millionen geliebt und in den Medien verherrlicht. Nein, dieser Gott stirbt am Kreuz den Tod des offiziell gebrandmarkten Sünders, ganz korrekt verurteilt von weltlicher und geistlicher Autorität. Und die vermeintlich so guten kleinen Leute, sie haben ihr primitives und fieses Feiertagsvergnügen darin, dass sie ihm in seinem stundenlangen verzweifelten Todeskampf zuschauen und hämische Kommentare über den Richtplatz auf Golgatha schreien.

Was sich da ereignet, in dem Moment, als Gott selbst den Tod des Gottverlassenen stirbt – niemand ahnt es im Entferntesten. Das Stöhnen des gequälten Jesus: „Mein Gott, warum hast du mich verlassen", es ruft bei der Menge kein Nachdenken hervor. Es macht ihnen wohl eher Spaß, das öffentliche Theater der Hinrichtung eines Gescheiterten in die Endphase treten zu sehen. Dass er von Gott verlassen war – für sie gar keine Frage. Und sie selbst sahen sich natürlich auf der richtigen Seite, im Einklang mit göttlicher und weltlicher Macht. Schließlich hing ja Jesus am Kreuz und nicht sie.

Der Weg ans Kreuz beginnt im Stall. Allem Augenschein zum Trotz: Es ist der Weg eines Königs und eines Siegers. Der alles ins Dasein rief, hält es aus, von den eigenen Geschöpfen verachtet, ausgestoßen, erniedrigt, gequält und ermordet zu werden. Er hält aus, was niemand sonst aushielte, kein Mensch und erst recht keiner der anderen Götter der Religionsgeschichte.

Ein Gott etwa, der immer oben thront, belohnt und bestraft und verlangt, dass sich die Menschen regelmäßig vor ihm auf den Boden werfen: Der hielte nicht aus, was der Gott Israels in Jesus auf sich nimmt. Bei ihm wäre der Hochglanzlack des Mächtigen zerstört.

Der Gott Israels braucht keinen Hochglanzlack. Seine Macht hält die Niedrigkeit aus. Und gewinnt damit das Leben! Für mich, für Dich. Auch für die, die Maria und Josef keinen Platz im ihrem Haus gaben, auch für alle die, die Jesus ausnutzen und verspotten, verleugnen und verraten, selbst für die, die ihn am Kreuz zu Tode bringen.

Der Gott Israels ist mächtig, indem er liebt. Grenzenlos! Sein Wesen ist ein glühender Backofen voller Liebe, hat Luther gesagt. Liebe aber ist stärker als der Tod. Sie allein.

Macht ist nicht stärker als der Tod. Die Macht braucht den Tod, um sich oben zu halten, um unter den Beherrschten Furcht und Zittern zu verbreiten. Macht ist vom Fortbestand des Todes abhängig.

Liebe hält den Tod aus und überwindet ihn.

Das nimmt von Weihnachten, von der Geburt des unehelichen Gotteskindes im Stall her seinen Lauf.
Längst angebahnt hatte sich dieser Weg. Als Gott den Abraham auf seine Wanderschaft geschickt hatte. Als er sich mit dem gerissenen Jakob, dem betrogenen Betrüger, am Jabbok einen Kampf lieferte, gegen Jakob unterlag und ihn dennoch segnete. Als er den Sklaven zuliebe mit dem Pharao rang und die Sklaven zu freien Menschen werden ließ.
Menschliche Erwartung und Gewohnheit schüttelt da nur den Kopf. Ein Gott gehört doch nach oben, zu den Mächtigen. Ein Gott lässt sich doch nicht im Uferschlamm eines Flüsschens von seinem eigenen Geschöpf niederkämpfen, um dieses dann auch noch mit Segen zu beschenken.
Was für ein Gott ist dieser Gott Israels nur, den wir den Vater Jesu Christi nennen?!
Er ist der, der hilft. Das kann die einzige Antwort sein. Der, der mich nicht verlässt, wenn alles gegen mich spricht. Der mich nicht verurteilt, wenn ich selbst an mir nichts Gutes mehr finde. Der auch im Tod immer noch mein Gott ist, nicht, um dann den harten Richter zu geben, sondern um mich mit seiner unendlichen Liebe zu umfangen.
Ohne den Leidensweg vom Stall zum Kreuz gäbe es das Licht des Ostermorgens nicht. Ohne die Bereitschaft Gottes, sich ganz dem Tod und dem Leiden der Geschöpfe auszuliefern, gäbe es nicht die Botschaft: „Er ist auferstanden, wahrhaftig auferstanden – für euch!“
Gott sei Lob und Dank: Wir bekommen nicht, was wir Menschen erwarten! Wir haben es nicht mit einem Gott zu tun, der unsere Frömmigkeit prüft, der unser Verhalten kalt überwacht, der ein verdient hartes Urteil spricht. Das sind alles Abbilder menschlicher Autorität. Das alles kommt aus uns selbst. Weil wir eben zwangsläufig prüfen, beobachten, messen, bewerten, strafen. Der wahre Gott hat das nicht nötig. Er braucht keine sichtbaren Zeichen der Macht. Er muss sich nicht unnahbar geben, um nicht vom Thron der Herrschaft zu purzeln.

Er kommt, mitten hinein ins wirkliche, ungeschönte Leben. Er kommt zu mir und zu Dir. Er kommt gerade dorthin, wo Menschen nicht in Feierlaune sind. Wo vielleicht die bevorstehenden Feiertage Angst erzeugen. Er kommt in Gefängniszellen und Krankenhäuser. In Feldlager in Afghanistan und zu versteckten Christen im Untergrund Chinas.

Er kommt aber auch zu denen, die Christen verfolgen, die im Namen ihres lieblosen Gottes glauben, eine Terrorherrschaft aufrichten zu müssen mit Steinigung und Handabhacken. Er kommt zu skrupellosen Geldmenschen wie zu selbstgerechten Friedensfreunden, die im Schutz unserer bequemen mitteleuropäischen Wirklichkeit alles viel besser wissen. Zu denen kommt er, ob sie es spüren und anerkennen oder nicht. Er kommt – und lässt auch sie nicht fallen. Am Ende wird die Liebe triumphieren, so wahr der Stall der Anfang eines Weges war und das Grab am dritten Morgen leer.

Aus Liebe baut sich Gott selbst sein Haus. Frohe Weihnachten! Amen.

(2010)

Er war zuvor

Erster Sonntag nach Epiphanias

Das Gesetz ist durch Mose gegeben. Gnade und Wahrheit sind durch Jesus Christus geworden.
Johannes 1,17 (15-18)

Liebe Gemeinde!
Er war eher als ich. Vor mir war er da. Und er wird da sein, wenn ich längst nicht mehr bin.
Er war eher als wir, eher als unsere Lebenszeit, eher als dieses neue Jahr.
Und er ist es, der danach kommt.
Umschlossen ist meine Zeit von dem, der da ist und der da war und der da kommt.
Meine Zeit, Stunden der Sorge, Tage der Langeweile, Wochen der Angst: Zeit in treuen Händen. Zeit, deren Verlauf keinem Zufall unterliegt. Gehaltene, getragene, erfüllte Zeit.
Die Bibel denkt in Zeiten. Sie ist ein Geschichtsbuch. Für sie sind Jahreszahlen nicht nur Ziffern, sondern Inhalte: 2005, im siebten Jahr des Kanzlers Schröder, in meinem dritten Jahr auf dieser Pfarrstelle, im 60. Jahr nach dem Ende des Zweiten Weltkriegs, nicht zu vergessen und um es das erste und hoffentlich letzte Mal hier zu sagen: im ersten Jahr der Reformen nach Hartz IV. 2005 – für manchen das erste Jahr ohne die Ehefrau, ohne den Vater, ohne das geliebte Kind.
Die Bibel denkt in Zeiten. Ihr Gott ist der Gott der Geschichte. Nicht ewige Wahrheit will er sein, sondern mitgehender Tröster, kommender Erlöser. Ich werde sein, der ich sein werde: *Gott mit Euch.*

Aus seiner Fülle haben wir genommen Gnade um Gnade. Und immer noch und immer wieder nehmen wir.
Unser Leben braucht Regeln, Gesetze. Mose hat ein gutes Gesetz. Erlassen, als aus den Sklaven freie Menschen geworden waren. Die Wunden von der Zwangsarbeit in Ägypten hatten sie noch am Körper, als sie auf dem Sinai hörten, wie man als freier Mensch lebt. *Ich bin der Herr, dein Gott.* Sie waren jetzt Menschen, die ihre eigenen Pläne verwirklichen wollten. Menschen mit Interessen. Menschen mit Stärken und Schwächen, mit Versuchungen. Menschen, die neidisch und eifersüchtig werden.
Ein gutes Gesetz ist durch Mose gegeben. Gnade und Wahrheit durch den, der da ist und der da war und der da kommt.
Schafft er das Gesetz ab? Ist durch Christus die Zeit zu Ende? Ist Mose Christi wegen reif fürs Museum, weil das Andere da ist?
Jedenfalls der Evangelist sieht es nicht so. Denn wenn Christus immer schon war, wenn er der Zeit vorausging, dann lebt auch Mose aus Christus. Dann zieht Mose seine gesetzgeberische Kraft aus der Gnade und Wahrheit Gottes, die in Christus ihr Gesicht erhält.
Dann hat das Gesetz des Mose Anteil an der Gnade und Wahrheit Christi.
Was sollte ungnädig daran sein, dass Sklaven zur Freiheit befreit werden? Was ist unwahr daran, Menschen vor erlogenen Göttern zu schützen? Was könnte überholt sein von den Geboten: Achte Vater und Mutter, morde nicht, brich nicht die Ehe, stiehl nicht, sprich nicht Lüge im Gericht, begehre nicht?
Gnade und Wahrheit gehen dem Gesetz voran. Sie sind der Grund der guten Regeln. Und sie sind unsere Zukunft.
Nicht verkehrt und überholt ist es, auch in diesem Jahr den Regeln Gottes zu folgen. Christus setzt Mose in Kraft, er stellt ihn nicht in die Vitrine.
Auch in diesem Jahr bleibt es richtig, das Recht des Anderen zu achten und zu schützen. Und es bleibt genau so richtig, für das eigene Recht einzustehen. Wer sich immer alles gefallen lässt, soll nicht glauben, dafür im Himmel belohnt zu

werden. Wer das eigene Leben ruiniert, weil er nicht zur rechten Zeit Nein sagt, der tötet. Das ist nicht gottgefällig. Das sechste Gebot gilt auch mir selbst! Gott will keine Sklaven. Er will Menschen, die aufrecht über die Erde laufen.

Gnade und Wahrheit sind durch Jesus Christus geworden. Sie gehen diesem Jahr voraus. Aus Gnade und Wahrheit lebt dieses Jahr. Und in Gnade und Wahrheit soll einmal das gut aufgehoben sein, was 2005 sein wird.

Niemand weiß heute, wie er am Ende des Jahres dastehen wird – ob er überhaupt noch dasteht. Manches wirft sichtbar seinen Schatten voraus: Abitur und das, was danach kommt. Neue berufliche Aufgaben. Veränderungen in der Familie – eine Hochzeit, eine Taufe, ein Jubiläum. Anderes kommt wie ein Dieb in der Nacht: Ein Mensch kann neu in das eigene Leben treten, kann ausgetretene Pfade umgraben und alles in ein neues, nie gekanntes Licht stellen. Chancen können sich auftun, die ich nicht einmal ahnte. Und, freilich, es können sich auch Türen schließen, für immer schließen, wo ich bisher gar keine Tür sah, sondern nur freien Raum.

Es wird mir guttun, auch dieses Jahr, wenn mein Gewissen am Gesetz des Mose geschärft ist. Es gibt Dinge, die mögen wohl auf die Schnelle Erfolg bringen. Bald aber rächen sie sich. Besser tue ich nicht, was einst am Sinai verboten wurde. Denn ich lebe besser, ich lebe freier, wenn ich mir das gesagt sein lasse: Begehre nicht, was Deinem Nächsten gehört, sprich nicht Lüge im Gericht, stiehl nicht, brich nicht die Ehe, morde nicht, achte Vater und Mutter.

Mose hilft, keine Frage! Aber Mose rettet nicht. Durch das Befolgen seiner Gebote werde ich zwar leichter leben, aber heil werde ich nicht. Heil zu werden, ist nicht Sache meines Gewissens, meiner Verantwortung. Heil werde ich gemacht. Von dem, der da ist und der da war und der da kommt.

Was das Jahr auch bringen wird oder nehmen: Nicht davon werde ich heil. Davon werde ich auch nicht endgültig unheil. Wohl, die Zeit kann Unheil stiften. Aber kein ewiges! Zeitlicher Schmerz tut weh, aber er vergeht. Das ist in dem Moment, wo es wehtut, ein schwacher Trost. Und doch behält einer das letzte

Wort, der stärker ist als jeder Schmerz. Er überwindet jeden Vorwurf, der mich heute aus der Bahn wirft. Er triumphiert am Ende über meinen Kleinglauben, der womöglich die Hoffnung aufgeben wollte. Er rettet, wo bei mir alles zu Bruch geht.

Gnade um Gnade, genommen aus seiner Fülle: Das ist der Anfang und das Ende auch dieses Jahres. Auch dieses eine Lebensjahr, das wir so nur ein einziges Mal leben werden, an dem jeder Tag, jede Stunde einmalig und unwiederholbar ist, auch dieses Jahr lebt aus *seiner* Gnade. Wer von diesem Jahr spricht, redet von Zeit in Gottes Händen.

Zeit ist nicht Ewigkeit. Niemand hat hier den Ewigen gesehen. Gott will im Dunkel wohnen, nicht im Scheinwerferlicht unseres Neuigkeitenmarktes. Er ist uns unsichtbar. Doch nicht unbekannt. Denn uns ist erzählt. Wir hören eine Botschaft. Der ungesehene Ewige hat in der Zeit Gesicht und Name bekommen. Er, der immer schon war, immer da ist und gewiss kommt, er teilte unsere Zeit mit uns. Auch dieses Jahr teilt er. Für uns trägt er dieses Jahr mit seinen Herausforderungen, seinen Freuden und Risiken, mit seinem Schmerz und mit seinem Dank vor den Ewigen. Genau Dein und mein Leben hat dort seinen Platz. Was auch geschieht, ich muss es nicht allein mit mir selber austragen. Bei mir muss es nicht passen, nicht restlos aufgehen. Immer wird es Dinge geben, über die ich mit keinem Menschen reden will oder reden kann. Auch mit mir selbst mag ich wohl über so manches nicht ins Reine kommen. Das gehört zum Menschsein in der Zeit. Mensch zu sein, das heißt immer auch: Sich verfehlen, Bruchstück bleiben, mit sich und anderen nicht zurechtkommen. Niemand schäme sich, weil er ein Mensch ist und kein Roboter.

Zum Menschsein in der Zeit gehört aber auch dies: Getragen sein, gehalten werden selbst dort, wo Vernunft und Moral versagen. Einer übt Gnade, wo das Recht verwirft. Einer hält die Treue, wo ich nur Abkehr verdiene. Einer versteht, wo nach menschlichem Ermessen nichts mehr zu verstehen ist.

Er war, bevor unsere Jahre anfingen. Er ist, in jedem Moment unseres Bangens und Hoffens. Er wird sein, wenn wir einmal gnädig abgehen dürfen.
Leben wir also dieses Jahr als Jahr aus Gottes Händen und in Gottes Händen! Was auch kommen mag – Dinge in der Familie, Abitur, Neues im Beruf –, *er* war, ehe wir wurden. Und das, was uns trifft und bewegt, kommt aus Seiner Hand. Nicht egal wird unsere Zeit dadurch, gewiss nicht. Ihm nämlich ist nicht egal, wie es uns geht. Deshalb spricht die Zeit nicht das letzte Wort. *Er selbst* ist das letzte Wort, wie er auch das erste Wort gewesen ist. Das ist die gnädige Wahrheit dieses Jahres. Wie sollte es da kein gutes, kein gesegnetes Jahr werden?! Amen.
(2005)

Eines nur entscheidet

Konfirmation am Sonntag Judika

Er ist für alle, die ihm gehorsam sind, der Urheber des ewigen Heils geworden.
Hebräer 5,9 (7-9)

Liebe Gemeinde!
Man wird normalerweise in dem Jahr konfirmiert, in dem man das 14. Lebensjahr vollendet. Das kommt daher, dass früher die meisten Menschen in diesem Alter aus der Volksschule entlassen wurden und fortan in der Lehre oder bei einer Arbeit, jedenfalls aber außerhalb des Elternhauses, ihren Mann oder ihre Frau zu stehen hatten. Mit 14 war man erwachsen – oder gehörte doch wenigstens in die Welt der Erwachsenen –, und das sollte sich im Leben der Kirche widerspiegeln. Wer selbst für sein Auskommen sorgt, soll auch in der Kirche mit-

reden dürfen. Darum wurden Jugendliche unterrichtet und konfirmiert. Das hinter sich zu haben, macht zum mündigen Protestanten: Eingewiesen in die Grundzüge des evangelischen Glaubens und somit in der Lage, mitzureden und ein Urteil abzugeben über alle Dinge, die die evangelische Gemeinde betreffen.

Heute dauert die Schulzeit länger. Ich wage nicht zu behaupten, heute würde mehr oder besser gelernt als früher. Was die Konfirmandenstunden angeht, lernt man heute bestimmt weniger. Das ist kein Grund, stolz zu sein. Ich habe genug Menschen der älteren Generation kennengelernt, die mir erzählten, wie sie sich in schweren Situationen an Bibeltexten oder Liedversen festhalten konnten, die sie einmal als Konfirmanden hatten auswendig lernen müssen. Ihnen hatte das Lernen keinen Spaß gemacht – wie sollte es anders sein? Aber sie hatten etwas mitbekommen für ihr Leben. Ich habe ein etwas schlechtes Gewissen, weil wir heute den jungen Protestanten doch recht wenig solche Wegzehrung mitgeben. Immerhin: Vater unser, Glaubensbekenntnis, zehn Gebote. Längst nicht mehr in jeder Gemeinde muss das auswendig gewusst werden. Doch man tut niemandem einen Gefallen, wenn man ihm der Bequemlichkeit zuliebe das Nötige erspart.

Eines aber sollt Ihr, liebe Konfirmanden, die Ihr heute mit allen Rechten in die evangelische Kirche aufgenommen werdet, in jedem Fall mitnehmen: Das ist die Zusage Gottes, dass er Euch auf Euren Weg nicht verlässt. Ihr habt schon viele unterschiedliche Wege hinter Euch. Manche kommen von weit her, sind hinter dem Ural geboren, stammen aus Familien, die etwa unter der Herrschaft Stalins erfahren mussten, dass ein christliches Bekenntnis teuer sein kann. Andere stammen hier aus dem Ort. Für keine und keinen ist sicher, wie der Lebensweg weitergeht. Früher traten viele beruflich in die Fußstapfen des Vaters und brauchten keine Wahl zu treffen. Die Zeiten sind vorbei, Ihr müsst selbst den eigenen Weg entdecken. Ich wünsche Euch Glück auf Euren Wegen.

Es ist aber nicht schwarzgemalt, wenn ich sage: Es werden Zeiten kommen, in denen Ihr selbst nicht mehr weiter wisst. Das geht jedem einmal so. Auch der

schlaueste und nachdenklichste Mensch kriegt für sich selbst nicht immer alles geregelt.
Denkt dann daran, dass Ihr Getaufte seid. Mit der Konfirmation bestätigt Ihr heute, dass Ihr von Gott angenommen seid. Ihr sagt: Ich weiß, was es bedeutet, Gottes Kind zu sein. Ich kenne das Glaubensbekenntnis der Christenheit, ich habe gelernt, nach welchen guten Regeln ich vor Gott leben soll, und ich kenne das Gebet Jesu, das mich mit allen Christinnen und Christen verbindet und mit dem ich ganz persönlich meine Angst und meine Wünsche vor den Vater im Himmel bringe.
Entscheidend, das nehmt von heute mit, ist nie, wie Ihr Euch zu Gott stellt. Es wird Zeiten geben, wo Ihr Euch nur von allem abwenden wollt und wo Ihr Gottes Angesicht zu allerletzt sucht. Auch dann werdet Ihr aber nicht seine Treue verlieren. Entscheidend ist nämlich allein, wie Gott sich zu Euch stellt. Er hat in der Taufe gesagt, dass jede und jeder von Euch zu seinem Volk gehört. Er hält Euch, was Euch auf dem Weg durch die Zeit auch immer zustößt. Wie treu Gott zu Euch ist, das seht Ihr an dem, von dem der Predigttext handelt. Jesus Christus, heißt es, ist für alle der Urheber des ewigen Heils geworden. An ihm, an Gottes Sohn, der in die Welt der menschlichen Schuld und Verzweiflung mitten hineinkommt, da seht Ihr, dass Gott nichts und niemanden fallen lässt. In ihm hat Gott selbst gelitten und geschrien, als er am Kreuz starb. Und deshalb ist kein Schreien, keine Träne, kein Seufzer des Zweifels und der Verzweiflung vor Gott verborgen.
Nehmt das mit: Christus allein genügt – in Zeit und Ewigkeit!
Da Ihr jetzt mündige Protestanten seid, sorgt dafür, dass sich diese Botschaft ausbreitet. Unser Stadtteil ist mehr als eine Ansammlung von gepflegten Vorgärten, Garagen, Imbissbuden, Fitness-Studios, in denen sich der langweilige Alltag um sich selbst dreht: Hier wird von Christus geredet, der jedem Menschen das Leben schenkt. Hier wird geglaubt und gehofft. Und deshalb kann hier auch immer wieder Leben gewagt werden.

Wer sich auf Christus verlässt, der geht in keiner Langeweile unter. Denn der sieht hinter jeder Mauer einen neuen Weg. Christus ist Urheber des Heils. Er allein genügt.
Ich wünsche Euch Glück und Gedeihen – und hoffe, bei einigen von Euch auch mitzubekommen, wie es wirklich weitergeht. Entscheidend ist aber in allem, dass Gott zu Euch Ja gesagt hat. Darauf verlasst Euch und geht Euren Weg. Amen.
(2004)

Es sich gefallen lassen

Gründonnerstag

Wisst ihr, was ich euch getan habe?
Johannes 13,12 (1-15)

Liebe Gemeinde!
Petrus, der Musterschüler! Er kann einem leidtun, wie er sich anstrengt, um bei Jesus der Erste und der Beste zu sein – und alles geht daneben. Denn, das lässt sich an dieser Geschichte von Abschied und Vertrauen lernen, es kommt im Christsein nur auf eines wirklich an: Darauf, dass man sich auf die Gnade Gottes verlässt und sich die Gnade gefallen lässt.
Beim ersten Versuch, Jesus besonders gut zu gefallen, achtet Petrus auf die Ordnung. Es geht doch nicht an, dass der große Meister dient, dass Jesus den unbedeutenden Jüngern die Füße wäscht. So etwas gehört sich nicht! Wenn, dann sollten *sie* ihm die Füße waschen. Er ist doch derjenige, dem die anderen dienen müssen. Er ist höher, mächtiger, weiser.

Petrus ist ein Wahrer der Ordnung, Verteidiger dessen, was eigentlich alle Religionen verbindet: Der Mensch muss sich mit den Oberen gutstellen. Schmeichle und diene den Mächtigen – Du wirst Lohn dafür empfangen.
Das war das erste große Missverständnis des Petrus. Er wollte, dass Jesus oben bleibt, wie es sich gehört.
Das zweite Missverständnis folgt sogleich. Als Petrus nämlich klar geworden ist, dass Jesus nun einmal darauf besteht, seinen Jüngern die Füße zu waschen – Mächtige haben manchmal sonderbare Anwandlungen –, dann will Petrus es wieder besonders gut machen. „Wasch mir nicht nur die Füße, sondern den ganzen Körper!“ Wenn Jesus Verlangen hat, die Jünger zu waschen, dann soll er möglichst viel davon bekommen. Petrus will seinem Meister der Liebste sein.
Gut gemeint ist hier – wieder einmal – das Gegenteil von gut!
Der entscheidende Fehler des Musterschülers Petrus ist, dass er sich selbst so wichtig findet. Dass er sich es nicht einfach gefallen lässt, wie Jesus ihm dient. Dass er selbst alles perfekt machen, alles selbst verdienen will. Erst versucht er, den Meister zu beschützen vor seiner Selbsterniedrigung, dann will er dem Meister besonders zu Willen sein und ihm gleich den ganzen Körper zum Waschen hinhalten. Immer: Petrus selbst! Immer will er es sein, der handelt, der sich bei Jesus Liebkind macht.
„Lass dir an meiner Gnade genügen!“ Dieser Paulusvers ist das unausgesprochene Thema der Geschichte, ist das, was Jesus dem übereifrigen Petrus entgegen hält und was auch uns jetzt herausfordert.
Gnade ist ein Ärgernis. Denn ich bekomme als Begnadigter vorgehalten: Du bist nicht so, wie Du sein solltest und selbst gerne wärst! An Dir muss ein Anderer handeln, damit es gut wird mit Dir!
Das ist ein hartes Wort. Denn eigentlich wollte ich selbst meine Dinge regeln können, und zwar nicht nur im Alltag die einfachen Sachen, sondern auch das, was mich im Ersten und im Letzten betrifft, Fragen von Recht und Sinn, Himmel und Hölle.

Wenn entschieden wird, ob ich in Ewigkeit gut aufgehoben oder verloren sein soll, dann will ich doch das Ausschlaggebende getan haben. Denn so stünde ich ja wohl auf der sicheren Seite.

Das geht aber nicht. Wer sich kennt und ehrlich zu sich selbst ist, wird das zugeben. „Gut“ in einem wirklich echten und tiefen Sinn ist keiner. Wer von sich behauptet, er sei immer lieb, friedlich und freundlich, den sollte man meiden, denn der gehört aller Erfahrung nach zu den schlimmsten Exemplaren unserer Gattung. Die biblische Weisheit: „Das Trachten des menschlichen Herzens ist böse von Jugend auf“, befreit aus solchen Zwängen, sich selbst gut zu machen, mutet mir aber eben auch die Erkenntnis zu: Ich erlöse ich mich nicht selbst.

Dass in der Bibel so pessimistisch vom Menschen gesprochen wird und dass die Bibel dennoch ein tröstendes, Hoffnung stiftendes Buch ist, liegt an dem ganz besonderen Gott, von dem sie erzählt. Der biblische Gott ist so sehr Gott, dass er es sich leisten kann, nicht oben zu bleiben. Er kommt herunter. Er stellt sich an meine Seite. Ja, er tauscht ganz mit mir. Er teilt das Schicksal der Sklaven in Ägypten, setzt sich ein im Machtkampf mit dem Pharao. Und er setzt noch eins drauf. Er stirbt meinen Tod. Ausgestoßen als Sünder, rechtmäßig verurteilt von den religiösen Oberen seines Volkes. Der Fluch der Sünde wird sein eigenes Schicksal.

Darum bin ich nie von Gott verlassen. Weil es wohl die vielfältige Gottlosigkeit des Menschen gibt, aber keine Menschenlosigkeit dieses Gottes, der nichts ist als eifernde Liebe.

Von diesem Gott geliebt werden, befreit aus allen Zwängen, sich selbst rechtfertigen zu müssen. Das dauernde Sagen-Müssen: Ich bin gut, ich bemühe mich, ich strenge mich an – erledigt! Seine Gnade genügt!

Aber eben: Ich bin erledigt mit meinem Drang, mich selbst zu rechtfertigen. So, wie der verhinderte Musterschüler Petrus. Er kann sich die Gnade Gottes nicht genug sein lassen. Er muss selbst das Entscheidende bringen. Er lässt sich die

bedingungslose Liebe Gottes nicht gefallen, muss unentwegt demonstrieren, wie stark er seinen Herrn liebt.
Wahrscheinlich würde Petrus die reine Gnade, wie Gott sie schenkt, „billig" nennen. Oder er würde sagen, er nutze Jesus aus, obwohl er selbst doch etwas Gutes tun könnte.
Wer Gottes Gnade billig nennt, flieht die Erkenntnis über sich selbst. Er flieht davor, dass er der Gnade bedarf. Und er gönnt es Gott nicht, dass der ihn immer schon geliebt hat und immer mehr liebt, als ein Mensch es sich überhaupt vorstellen und erfühlen kann. Weil nämlich das enge Maß der eigenen, kleinlichen, auf Gegenleistung bedachten Liebe sein Maßstab ist.
Jesus wäscht den Jüngern die Füße. Ein provozierendes Zeichen. Es zeigt: Hier kommt Gott nach unten. Einem anderen Menschen die Stirn salben, das wäre ein Geschehen unter Mächtigen. Aber einem Menschen ausgerechnet die Körperteile waschen, die durch Staub und Kot laufen – das erniedrigt. Das bringt den mächtigen Gott ganz nach unten.
Und sich gefallen lassen, dass Gott in Jesus genau so handelt: Das ist Glaube. Der Glaube kann mit dem Maß zufrieden sein. Er muss nicht streberhaft fordern: Immer mehr, Meister!
Glaube demonstriert nicht seine eigene Kraft und Menge. Glaube verlässt sich darauf, dass Gott es gut machen wird. Dass das Maß der Gnade genau reicht. Glaube lässt den gnädigen Gott – Gott sein, so schwierig, so herausfordernd das ist.
Glaube lernt auch damit leben, dass nicht alles so ist, wie unsere Idealvorstellungen es fordern. Religiöser Ernst würde jetzt doch verlangen, dass beim Abschied Jesu von den Jüngern alles rein ist. Jesus ist doch mit diesen jungen Leuten jahrelang herumgezogen, sie haben ihn predigen gehört, sahen, wie er Kranke heilte und neues Leben stiftete. Eigentlich müssten sie doch alle ganz von ihm überzeugt sein, ihm restlos treu ergeben.

Es sind aber nicht alle rein. Der, den wir traditionell den Verräter nennen, ist mit dabei. Und Jesus weiß das. Ausgerechnet in der Stunde seiner Verherrlichung, bei seinem Heimgang zum Vater, stimmt es nicht in seiner Umgebung. Die Jünger sind keine einheitliche, brave Herde von weißen Schäflein. Der Störende, der Ärgerliche, der, an dem Jesus offenkundig gescheitert ist, ist mitten dabei. In unseren Augen ist dadurch in Frage gestellt, was dieser Jesus leistete. Es stimmt alles nicht so ganz.

Und doch: Nur so ist dies die große Stunde der Verherrlichung Jesu, seines Heimgangs zum Vater, uns zugute! Genau dieses Fehlen der Eintracht, dieser Grauton im schönen Weiß, verbindet unser echtes Leben mit der Herrlichkeit Gottes, in die Jesus nun gleich aufbricht.

Wo im echten Leben stimmt denn alles? Wo wäre aufopfernde Liebe nie enttäuscht worden? Wo hätte nicht gerade jemand, der besonders viel Mühe und Aufwand forderte, das mit Undank belohnt? Und war nicht vielleicht ich selbst schon dieser undankbare, verräterische „jemand"?

So ist das Menschenleben. Nur so. Das Trachten des Menschen ist böse von Jugend auf. Wer sich jetzt daran stört, will immer noch nicht wahrhaben, was in unserem, in seinem eigenen Leben los ist. Wir verachten, ja wir hassen Judas, weil er nicht in das harmonische Bild der braven Jüngerschar passt.

Dabei: Waren die anderen Jünger so viel besser? Sie flohen und versteckten sich, Petrus verleugnete drei Mal. Gestimmt hat es eigentlich bei keinem. Treu war am Ende keiner von denen, die jahrelang im Gefolge Jesu herumgezogen waren, die Zeugen seiner Wunder gewesen sind.

Judas ausstoßen, ihn zum Bösewicht schlechthin erklären, in ihm den Teufel selbst am Werk sehen: Das ist eine Flucht aus der Erkenntnis, dass niemand wirklich gut ist, auch ich nicht.

Die große Stunde Jesu ereignet sich im echten Leben. Gott erniedrigt sich in eine Welt hinein, die ihn nicht verdient. Er, der seine Sonne aufgehen lässt über

Gerechten und Ungerechten, macht nicht meine Würdigkeit zum Maßstab für sein Handeln. Er will, dass ich lebe, und das ist ihm sein Leben wert.
Das kann ich nicht verdienen. Das kann ich nicht nachmachen. Ich kann nur versuchen, kleine Entsprechungen dafür zu geben. In kleinen Schritten gnädiger zu sein, als es unter uns Menschen üblich ist. Mehr Freiheit zu schenken, als es eigentlich vorgesehen ist. Menschen Menschen sein zu lassen, auch wenn Unrecht auf ihnen lastet: Das kann ich versuchen. Das ist wohl gemeint, wenn Jesus sagt, wir sollten einander die Füße waschen, uns also füreinander zu Dienern machen. Ist doch gar nicht wenig, oder?
Die große Stunde der Verherrlichung Jesu irritiert und verstört uns. Nichts ist so, wie wir es uns in religiösen Wunschbildern zurechtlegen. Der fromme Musterschüler Petrus wird schlimm vorgeführt. Bei ihm geht alles daneben.
Und doch ist am Ende alles gut, alles gelungen, unendlich besser, als wir es selbst je hinbekommen hätten. Gott tauscht seinen Platz mit Himmel mit meinem Platz in Schuld und Tod. Christi Leib – für uns gegeben! Amen.
(2009)

Wir Menschen sind so

Karfreitag

Anderen hat er geholfen und kann sich selber nicht helfen.
Matthäus 27,42 (33-50)

Liebe Gemeinde!
Ganz unvermittelt, als wäre es das Normalste von der Welt, ereignet sich Überweltliches mitten in der Zeit. Gottes Sohn geht seinen Leidensweg bis zum Ende, der Himmel verfinstert sich, bald darauf wird im Tempel der Vorhang vor

dem Allerheiligsten entzwei reißen, die Erde wird beben, die Gräber werden sich öffnen. Der Alltag von Tod und Leben gerät durcheinander, Gott verlässt seinen ewigen Thron, der Tod bekommt ein Opfer, wie er noch nie eines bekommen hat, um sich daran tödlich zu verschlucken.

Das geschieht, als wäre es das Normalste von der Welt. Die Leute stehen dabei, blicken dümmlich drein, belustigt oder gelangweilt, treiben ihren Spott mit einem armen Schlucker.

Im Angesicht des Gottessohnes, der seinen Leidensweg zu Ende geht, zeigt die Menschheit ihr wahres, gewöhnliches, ihr gemeines Gesicht. Menschen im Angesicht Jesu stehen da in ihrer ganzen Erbärmlichkeit. Das Erbärmlichste daran ist noch, dass sie sich keineswegs als erbärmlich empfinden. Sie empfinden sich vielmehr als auf der sicheren Seite stehend, als witzig, als fein heraus.

Ein Witz soll es sein, dem Todgeweihten statt Wein eine bittere Mischung aus Wein und Gallensaft zum Trinken zu geben. Nicht ein letzter Sinnengenuss, sondern sinnloser Spott: So macht die menschliche Meute sich groß auf Kosten eines einzelnen Menschen. Er trägt wie sie alle Menschenantlitz. Auch er spürt Schmerz, Hunger, Durst. Ihm steht die Kreuzigung bevor, ein stundenlanges Dahinsiechen: Die grausamste Art, jemanden zu Tode zu bringen, die das mächtige römische Reich je erdacht hat. Diesem einen steht das bevor. Statt ihm eine letzte Freude zu gönnen, statt ihm einmal noch zu zeigen: Du bist einer von uns, ein Mensch, – treibt die Meute der Menschen ihren Spott mit ihm. Machen wir uns nichts vor: Menschen sind so. Wir Menschen sind erbärmlich, ganz besonders, wenn wir uns witzig und stark fühlen und uns einen Spaß verschaffen auf Kosten eines armen Schluckers.

Nicht nur die Menge der einfachen Leute treibt ihren dümmlichen Spaß mit Jesus. Die feinen Herrschaften tun es mindestens genauso. „Er hat auf Gott vertraut, der erlöse ihn nun, wenn er Gefallen an ihm hat“: Tiefer als in diesem Spruch, triefend vor Hohn und Freude am Leiden anderer Menschen, kann ein Diener der Religion nicht fallen. Priester und Schriftgelehrte nehmen ungeniert ihre feinen frommen Masken vom Gesicht. Sie sind zur Kenntlichkeit entstellt. Da werden theologische Richtigkeiten aufgesagt, aber nicht, um Menschen zu trösten, um ein Licht leuchten zu lassen im Düstern, sondern um einen Menschen, den es hart getroffen hat, noch weiter zu quälen, ihn restlos zu entwürdigen. Erbärmlich.

Wir Protestanten begehen den Karfreitag, den Tag der Kreuzigung Jesu, als höchsten Feiertag. So wollen wir denn diesen Tag zum Anlass nehmen, um uns selbst zu prüfen, wer und was wir sind als Kirche Jesu Christi – im Angesicht des gekreuzigten Gottessohnes.

Erbärmlich, liebe Gemeinde, sind wir, wenn wir angesichts des gekreuzigten Herrn immer noch nach uns fragen. Wenn wir uns überlegen, wie wir denn reden müssen, um „heute" bei den Leuten anzukommen. „Wie müssen wir auftreten, damit die Leute nicht sagen, es sei alles nur hohl und lächerlich gewesen?" Nein! So hat eine Kirche, die sich auf den Gekreuzigten verlässt, niemals zu fragen. Was wir auszurichten haben, ist das Wort vom Kreuz. Wenn wir das ausrichten, in all unserer Ungeschicklichkeit und Unvollkommenheit, dann wird das Wort seinen Weg nehmen. Die Sorge über die Wirkung des Evangeliums liegt nicht bei uns. Wir dürfen diese Sorge nicht an uns reißen, wenn wir unser Vertrauen auf den Gott Jesu vor der Welt bekennen wollen. Erbärmlich sind wir, wenn *wir* die Gemeinde „aufbauen" wollen, wenn *wir* meinen, verantwortlich zu sein für Bestand und Wachstum des Gottesvolkes. Wenn das alles noch so eifrig, noch so verantwortungsbewusst daherkommt: Es ist organisierter Kleinglaube! Kleinglaube, weil man dem Wort und dem Heiligen Geist nicht zutraut, das Gottesvolk zu schaffen, zu sammeln, zu ernähren und zum Ziel zu bringen.

Wir sind erbärmlich, wenn wir im Gekreuzigten nicht den wahrnehmen, der Schwäche und Niederlage zum Trotz der Herr des Lebens ist. Den Frommen ein Ärgernis, den Klugen eine Torheit, uns und allen, die das Wort vom Gekreuzigten erreicht, ist es aber das Tor zur Herrlichkeit. Wenn wir nicht wahrnehmen und anerkennen, dass dieser Tod den Vorhang zum Allerheiligsten zerreißt, dass dieser eine Tod Macht hat, die Gräber öffnen und Leben zu begründen, dann sind wir von allen guten Geistern verlassen.

Erbärmlich ist eine Kirche, die sich eigene Ziele setzt, die überlegt, wie sie selbst die Menschen bewegen könnte, wie sie wächst und sich entwickelt. Wirklich Kirche ist Kirche nur, wenn sie sich schlicht und einfach darauf verlässt, dass Jesus Sieger ist über den Tod.

Wenn wir uns selbst verantworten, unsere Strategie selbst planen, uns die Ideen des Gottesdienstes selbst ausdenken wollten, stünden wir dem gekreuzigten Jesus genauso überheblich gegenüber wie die Schriftgelehrten und Priester, die den Mann am Kreuz in gelehrter Hohlheit verspotten. Wir trauten ihm dann nämlich auch nicht zu, dass er seine Sache selbst führt.

Er aber wird seine Sache selbst führen.

Er stirbt den Tod des Gottverlassenen. Er fährt zur Hölle, damit es keine Hölle mehr gibt.

Er führt seine Sache wohl. Und da komme ich drin vor mit meinem Leben, in dem so vieles unklar und schief ist, wo ich immer wieder Erfahrungen des Scheiterns und Nicht-Verstehens mache, wo ich vielleicht gerade dort Schmerz und Schaden stifte, wo ich es besonders gut meine. Mein Leben kommt vor in dem Kampf, der am Kreuz auf Golgatha entschieden wird. Jesu Schrei: „Warum, Gott, hast du mich verlassen" umfasst allen Schmerz unserer Zeit. Und Dein Leben, Deine Angst um den kranken Ehemann, die Sorge um das Kind, die Zweifel an so vielem, alles das ist in diesem Schrei der Gottverlassenheit eingeschlossen, den Gott selbst ausstößt. Wo Gott selbst die Gottverlassenheit erleidet, ist niemand mehr getrennt von Gott. So wird der Schrei vom Kreuz zur Liebeserklärung Gottes an unser gebeugtes, gedemütigtes, erschrecktes, oft genug hochmütiges Leben.

Wo wir erbärmlich dastehen, hat Gott uns längst schon seine Liebe erklärt. Da ist der Streit zwischen Tod und Leben, zwischen Hochmut und Liebe, Eigensucht und echtem Lebenssinn, längst entschieden. Längst ist gesagt: Ich, der

große Gott, bin für euch Mensch, unverbrüchlich auf eurer Seite. Das ist gesagt, festgeschrieben, eingemeißelt in den Felsen des Leidens am Kreuz.
Der Karfreitag ist der höchste evangelische Feiertag, weil im Kreuz das Evangelium sein Gesicht zeigt. Wir sind unendlich geliebt – und unendlich blamiert, als erbärmlich bloßgestellt, wenn wir uns angesichts des Kreuzes auf etwas anderes verlassen wollen als auf Jesus Christus.
Als wäre es das Normalste von der Welt, ist der große Gott für uns. Unser Hochmut, unsere Gemeinheit, unsere Erbärmlichkeit zählen nicht, wo er sein Wesen zeigt, wo er sich auslebt, um uns das Leben zu geben. Wo Kirche schlicht „Danke!“ sagen kann, ist sie ganz und gar bei ihrer Sache. Wo sie nicht überlegt, wie es denn vermittelt werden könnte, sondern schlicht bekennt und die Gnade Gottes feiert in vielen Stimmen, da nimmt das Evangelium seinen guten Weg. Danke, lieber Gott! Amen.
(2007)

Wenn Leichen nicht im Keller bleiben

Ostern

Sie entsetzten sich.
Markus 16,5 (1-8)

Liebe Gemeinde!
Der älteste Bericht vom Morgen des Ostertags. Die männlichen Jünger trauen sich nicht aus dem Versteck. Drei Frauen, Salome und zwei mit Namen Maria, gehen zum Grab, um mit Jesus, mit dem Leichnam, zu tun, was sich gehört. Wenigstens würdig bestattet soll er sein, wo er so verlassen sterben musste und von allen ausgelacht.

Ein trauriger Gang der drei mutigen Frauen. Doch dann sehen sie, was keines Menschen Auge vorher und nachher sah: Ostern. Die Niederlage des Todes. Einmal hat der allgewaltige Vielfraß sich verschluckt. Jesus, der Hingemordete, mit der Lanze durchbohrt, beerdigt, war lebendig und frei, losgekommen aus dem Grab. Was sucht ihr den Lebenden bei den Toten?

Die drei Frauen zittern vor Angst. Wo das passiert, ist nichts mehr sicher. Dass Tote tot bleiben, wussten die Menschen in biblischer Zeit nämlich auch, nicht erst die Moderne ist schlau geworden an diesem Punkt. Wenn ein Toter lebendig ist, dann ist mehr geschehen, als unsere Erfahrung zulässt. Da ist mehr im Spiel, als wir kennen und uns zu denken erlauben. Ein Vorgang, groß wie die Schöpfung selbst. Wie am Anfang aus nichts das Leben wurde – so wurde jetzt aus dem Leichnam des Gekreuzigten ein Lebendiger. Wie an dem Tag, als alles begann, zeigte Gott sich mächtig. Die drei Frauen sehen sich am Morgen der neuen Schöpfung, sehen die Grenze unserer vom Tod beherrschten Welt niedergerissen. Und fürchten sich.

Der entstehenden Kirche scheint die Erzählung von Furcht und Zittern der drei Frauen peinlich gewesen zu sein. In späteren Berichten vom Ostermorgen wird alles ein bisschen anders beschrieben. Da freuen sich die Jüngerinnen, wie es sich gehört aus Sicht der Frommen.

Die ältere Geschichte aber ist ehrlicher. Und sie bringt uns die Osterbotschaft näher.

Denn schließlich geht es ja nicht um ein harmloses Zauberkunststück. Es geht um Tod und Leben. Um mich. Es geht um meine Schuld, meine Bitterkeit, meine Zweifel – und es geht um das, was mich jenseits des Todes erwartet. Da sind Furcht und Zittern schon angebracht.

Gott hat sich verbündet mit meinem Leben. Was es heißt, auf Menschenbeinen über die Erde zu laufen, was es heißt, von anderen Menschen gesehen, gemocht, aber auch enttäuscht, ausgenutzt und verspottet zu werden, das erfuhr Gott am eigenen Leib. Er, der Allwissende, könnte wohl auch anders ein Auge auf mich haben. Mich beobachten und beurteilen – das bekäme Gott schon hin auf seinem hohen Thron. Der große Gott aber hat solches Interesse an mir, dass er ganz sein will wie ich. Er will spüren, wie sich das Menschsein anfühlt, gerade in Kummer, Missverständnis, Schmerz und Schuld. Das erfüllte sich am Karfreitag. Gott starb meinen Tod. Und wenn dieser Gott, der so leidenschaftlich auf meiner Seite ist, dann wieder handelt wie am Morgen der Schöpfung, wenn er aus Erloschenem Leben schafft, dann entscheidet das über mich. Dann ist der Morgen des leeren Grabes der Morgen meines Lebens.

Diesen Bruch, diesen Aufbruch ins Leben werden die drei Frauen gespürt haben. Um sich frei darüber zu freuen, war die Anspannung zu groß, war auch die Verzweiflung zu niederdrückend. Aber sie merkten: So, wie es bisher war, wird es nie mehr sein. Der Kampf zwischen Tod und Leben ist entschieden, am Karfreitag. Er ist anders entschieden, als es den Anschein hatte, als Jesus vor aller Augen erledigt war. Das Selbstverständlichste überhaupt, dass der Tod das Ende ist, gilt nicht mehr. Jesus, das war und ist: Gott mit uns!

Nun steht auch das, was die Jüngerinnen mit Jesus erlebt haben in der vergangenen Zeit, unter einem neuen Licht. Bisher war Jesus der eindrucksvolle Mensch, der Freund, der Prediger, der Mahner und Heiler. Jetzt schickt der Engel im leeren Grab sie noch einmal nach Galiläa. Sie sollen den Weg ein zweites Mal gehen und mit den Augen von Ostern nachvollziehen, was Jesus tat.

Wahrhaftig, eine befreiende Sicht! Denn vieles, was Jesus gepredigt, von den Leuten verlangt hatte, entmutigte doch eher, als dass es Stärkung gebracht hätte. Seine Aufrufe zum Frieden, zum gerechten Umgang mit dem Nächsten, seine Forderung, fest zu glauben – wer konnte das aus eigener Kraft erfüllen? Das Vorbild Jesu machte klein. Jetzt, wo klar war, dass in Jesus der Schöpfer selbst über die Erde ging, dass Gott sich an den Platz des Menschen stellte, sah alles anders aus. Jetzt erfuhren die Menschen: Gott selbst schenkt Kraft zum neuen Leben. Erst durch Ostern wird die Predigt Jesu zur frohen und befreienden Botschaft. Bevor ich handle, handelt Gott für mich.

Was für ein Morgen! Die beiden Marias und Salome fliehen vom leeren Grab. Natürlich, als Jüdinnen haben sie gelernt, dass Gott auch Herr ist über den Tod. Seine Leichname werden leben. Sicher. Aber es ist ein Unterschied, eine religiöse Formel zu kennen und mitzusprechen oder selbst zu erleben, dass diese Erde in Gottes Hand ist.

Wo der Tod das letzte Wort nicht mehr hat, stürzt alles ein.

Jesus lebt! Grund zur Freude, schon. Aber so ganz rein ist ihr Gewissen nicht. Schuld steht im Raum. Die Jünger haben sich in den vergangenen Tagen verhalten, wie Freunde es nicht tun sollten – nämlich alltäglich. Am Kreuz starb Jesus, der Geliebte und Gescheiterte, allein. Sie, die drei Frauen, standen wenigstens in der Nähe. Anders als Petrus. Obwohl der immer das große Wort führte und Jesus vollmundig Treue schwor. Er wollte Jesus nicht kennen. Würde Jesus jetzt Rechnungen begleichen? Mit ganz anderer Vollmacht, als Menschen es können – und schon natürliche Rachsucht von Menschen ist ja zum Fürchten...

Jesus, die Leiche im seelischen Keller der Jünger, stand auf. Wo Leichen nicht im Keller bleiben, steht alles auf der Kippe.

Ich war tot, und siehe: Ich bin lebendig von Ewigkeit zu Ewigkeit und habe die Schlüssel des Todes und der Hölle. Ein Machtwort.

Welches Gericht da ergeht: Um das zu erfassen, brauchen die Jüngerinnen Zeit. Da kippt nicht nur die Allgewalt des Todes. Da kippt alles um, was wir Menschen mit Macht verbinden.

Er könnte sich rächen. An Petrus, dem Verleugner. An den davongelaufenen Feiglingen, die sich seine Jünger nennen. An Pilatus.

Die Schlüssel des Todes und der Hölle könnte er nutzen, um furchtbar aufzuräumen. Pilatus würde so handeln. Vielleicht Petrus auch. Und ich auch, mag sein. Wegsperren, die es verdient haben.

Ostern kippt alles um. „Ich habe die Schlüssel des Todes und der Hölle" heißt nichts Anderes als: Ich habe dich lieb! Fürchte dich nicht, ich will, dass du lebst!

Mit dem Tod ist auch der Hass überwunden. Gott hat sich durchgesetzt. Gegen die menschlichen Gewalten, gegen Pilatus, die Priester, die johlende Menge. Gegen die Logik von Gewalt und Tod. Der siegt, der immer schon aus der Sklaverei befreite. Seit der Geburt im Stall zielte alles hierher: Wann oft mein Herz im Leibe weint und keinen Trost kann finden, rufst du mir zu: „Ich bin dein Freund, ein Tilger deiner Sünden. Was trauerst du, o Bruder mein? Du sollst ja guter Dinge sein, ich zahle deine Schulden."

Stark genug ist dieser Gott: Er kann sich versöhnen, aus reiner Liebe. Leben stiften, wo das Recht nur „Kopf ab!" ruft und: „Weg damit!" Gott wünscht nichts so sehnlich wie mein Leben. Und Dein Leben. Und das des Petrus, der Jünger, des Pilatus, der drei Frauen vom Grab.

Das ist Ostern! Blamiert, wer mit dem Tod sein Geschäft macht. Blamiert alle, die Menschen einschüchtern mit dem, was genommen werden kann. Alles hat Gott geschenkt. Mir – und Dir auch. Blamiert, wer Gottes Güte eine Grenze zieht.

Tod und Hölle schließt Jesus auf, öffnet die Tür zum Leben: Für uns treue Christen, die wir hier unter dem Zeichen seines Kreuzes versammelt sind. Ja. Aber das genügt ihm nicht. Mehr Leben will er befreien. Aufschließen Kerker des Todes auch bei denen, die wir nicht gern sehen. Der seelische Panzer skrupelloser Bankmenschen, die keine Krise zur Einsicht bringt – aufgeschlossen! Die fromme Hölle der Fanatiker, die Flugzeuge sprengen, um ihrem lieblosen Gott zu gefallen und sich schale Paradiesfreuden zu verdienen – aufgeschlossen! Der Gott Jesu Christi liebt auch sie, leidenschaftlicher, als ihr Hass auf die freie Welt je sein könnte. Gottes Liebe kommt allerdings auch unseren eigenen Gefängnissen nahe: Dem miefigen Kabuff braver kleiner Leute, die über Politik meckern, aber selbst die Courage nicht finden, ein Wort zu sagen. Die Fesseln der moralischen Anmaßung derer, gerade in der Kirche, die meinen, ein bisschen „Frieden! Frieden!"-Rufen genüge, um die Welt menschlich zu machen – auch diese Fesseln sind los, seit dem Morgen in Jerusalem. Jesus trägt ihren

Hochmut, der sich über jene erhebt, die aus Verantwortung schmutzige Hände riskieren, in Afghanistan zum Beispiel, in seiner Geduld. Niemand muss sich selbst erhöhen, um Gott lieb zu sein. Aber frei, die Welt zu gestalten, auch im Konflikt, auch mit dem Risiko des Aneckens, das werde ich durch Ostern. Wo das Leben den Tod besiegt, alles anders wird, als es ist, was sollte ich zu fürchten haben? Mein Kleinglaube, deine Bitterkeit, die dich jede Nacht nicht einschlafen lässt – hindurchgetragen in das Licht des Ostermorgens.
Alles ist anders geworden an jenem Morgen. Die Leiche im Keller stand auf – doch das große Gericht wurde zur Liebeserklärung. Statt dem, was ich verdiene, bekomme ich, was Gottes Liebe für mich will. Die Leichen in meinem Keller, auch sie werden einmal aufstehen. Wir werden uns in die Augen sehen, leicht wird es nicht. Aber bezahlt ist die Schuld schon. Und nachdem wir uns in die Augen gesehen haben, feiern wir ein Fest. Unter Gottes Augen. Die Fernen und Nahen, die Freunde und eben die, mit denen Schuld mich verbindet.
Der Kampf um Tod und Leben ist entschieden, seit das Grab leer war. Ich werde meine kleinen Kämpfe nicht verloren geben, werde dranbleiben. Ich werde nicht aufhören, im Kleinen für Vernunft und Menschlichkeit einzutreten, herrschenden Ansichten zu widersprechen, ob das Ärger bringt oder nicht. Wer soll mir etwas tun, wo Gott am Ostermorgen mir alles geschenkt hat? Die Welt erlösen muss ich nicht selbst, das ist ja schon passiert. Salome und die beiden Marias waren Zeuginnen. Aber die Welt ein wenig freier, ein wenig freundlicher machen, die Mächte des Todes ärgern, selbst wenn ich dabei einmal schlecht aussehen sollte, das geht schon. Wo doch alles gewonnen ist. Das letzte Wort: Gottes Liebeserklärung! Ostern macht unverschämt frei.
Ich war tot, und siehe: Ich bin lebendig von Ewigkeit zu Ewigkeit und habe die Schlüssel des Todes und der Hölle. Was für ein Morgen! Amen.
(2010)

Keineswegs „alles egal“!

Sonntag Kantate

...weil du dies den Weisen und Klugen verborgen hast und hast es den Unmündigen offenbart.
Matthäus 11,25 (25-30)

Liebe Gemeinde!
Hat Gott die schlichten Gemüter lieber als die komplizierten?
Ist Glaube dann mehr etwas für Dumme als für Gescheite?
Gefährliche Fragen!
Einerseits ist ja die Dummheit allem Anschein nach auf dem Vormarsch: Lesen ist unter jungen Leuten unpopulär wie noch nie; um die Rechtschreibung kümmert sich niemand mehr wirklich; in vielen Debatten geht es offensichtlich mehr darum, Betroffenheit auszudrücken und sich mit viel Gefühl auf die richtige Seite zu stellen – als mit Argumenten sachlich für eine Position zu werben.
Wenn es so wäre, dass Glaube und Dummheit besonders gut zueinander passten, dann müsste sich die Kirche womöglich keine Sorgen darum machen, ob sie Zustimmung findet. Die Bildungskatastrophe wäre ein Geschenk an uns.
Oder müsste sich Kirche gerade dann Sorgen machen?
Wenn Glaube und Dummheit gut zueinander passten, dann wären wir wohl wirklich verloren. Denn dann hätte der Glaube der Welt auch nichts zu sagen, was ihr hilft.
Und, bitteschön, im Angesicht Gottes muss sich doch wohl keiner schämen, wenn er ganze Sätze sprechen und sogar niederschreiben kann, wenn er gelegentlich ein Buch liest und sich über den Weltlauf eigene Gedanken macht.
Im Angesicht Gottes muss sich auch keiner schämen, wenn er anderen Menschen als kompliziert gilt.

Hat Gott die Menschen nicht in ihrer bunten Vielfalt geschaffen? Wie könnte er ausgerechnet die Nicht-Einfältigen von sich wegstoßen? Durch die wird die Welt doch erst interessant.

Nein, so ist das bestimmt nicht gemeint, was wir aus dem Matthäusevangelium gehört haben.

Gott hat sich Lob bereitet aus dem Mund der Unmündigen.

Für Gott ist dort ein Mund, wo nach unserem Maßstab kein Mund ist. Wo in unseren Augen nichts zu erwarten ist, da bricht sich Gottes Botschaft Bahn.

Das heißt: Unsere Einfälle, unsere Argumente braucht er nicht, um zu uns zu kommen, um uns zu erleuchten.

Und er lässt sich von uns auch nicht aussperren.

Sein Wort hat Kraft, sich Gehör zu verschaffen, auch wenn hier alle Autorität dagegen stünde.

Gottes Wort bricht durch, auf ungeahnten Wegen. Ob wir treu sind oder nicht. Ob wir sein Wort hören wollen oder nicht.

So ist das. Gott redet an, wen er anreden will. Er stellt in seinen Dienst, wen er dazu ausersieht. Es braucht auf unserer Seite keine Voraussetzung, damit Gott in unser Leben eintritt.

Aber: Gott ergreift unser Leben. Und er ergreift unsere Gedanken.

Er macht uns mündig. Zum Reden, zum Streiten, zum Singen.

Gott macht mündig zum Reden. Er setzt mich in Stand, anderen Menschen weiter zu sagen, was er an mir tut. Von Gott angeredet, werde ich selbst ein Zeugnis seiner Liebe. Das muss nicht mit Worten sein. Taten sind genauso Botschaften. Einem Menschen die Treue halten, auch wenn der selbst untreu war: Das entspricht dem, was Gott an mir getan hat. Unverdient gut sein mit dem Nächsten – so bekommt diese Erde Stück für Stück ein menschlicheres Gesicht. Überraschen durch die Freiheit, einen Menschen gut behandeln zu können, auch wenn der das nicht verdient; das ist die herrliche Freiheit der Kinder Gottes!

Gutes mit Gutem vergelten kann jeder. Das Einmalige des biblischen Gottes ist seine Leidenschaft für das Geschöpf, das sich von ihm abgewendet hat, das sein Wort verachtet, ja womöglich seine Existenz leugnet. Und unser Gott überwindet diesen in der Tat unverschämten Widerstand nicht mit Gewalt, nicht damit, dass er es dem Gegner am Ende kräftig heimzahlt und ihn in die Hölle schickt. Nein, er läuft dem Feind gegenüber dadurch zu ganz großer Form auf, dass er die Feindschaft mit seiner Liebe überwältigt. Gott wird seine Größe am Ende darin beweisen, dass er alle mit sich versöhnt.

Und da kann ich mir doch heute schon ein wenig ein Beispiel daran nehmen und selbst etwas weniger aufrechnen zwischen mir und anderen Menschen. Selbst etwas durchlassen. Selbst so großzügig sein, wie ich es mir nie zugetraut hätte. Denn wenn Gott mit mir nicht großzügig wäre – wer weiß, wo ich endete?

Von Gottes verschwenderischer Liebe etwas in die Welt tragen: Das ist die Mündigkeit des Christen. Der große Friede wird wohl nicht ausbrechen deshalb. Aber kleine Ahnungen von Frieden wird es geben. Wenn ich weiterschenke, was Gott mir schenkt.

Ich werde mündig zum Reden – und mündig zum Streiten!

Denn das Evangelium von der bedingungslosen Liebe Gottes ist ja nicht etwas, das überall gut ankommt, auf das jeder gewartet hätte. Das Evangelium ist eine Zumutung. In erster Linie für den, der meint, er führe ein religiös engagiertes, ein moralisch gutes Leben. Das Evangelium vom gekreuzigten Gott mutet gerade dem vermeintlich guten Menschen zu, sich selbst vor dem Kreuz zu sehen. Anzuerkennen, dass jeder Mensch vor Gott so dran ist, dass nichts hilft – außer eben dem Sterben Gottes an unserer Stelle. Wenn nichts sonst hilft – und Gott hätte seinen Sohn wohl kaum zum Spaß in den Tod gegeben –, dann bin ich ja wohl auf dem Holzweg, wenn ich mir selbst zutraue, das Gute und Richtige zu verwirklichen. Das Kreuz ist dem Frommen ärgerlich. Es streitet mit meiner Selbstsicht, mit meinen Erwartungen und Forderungen an mich selbst und an andere Menschen.

Der Glaube an die Liebe Gottes, die alle Mühseligen und Beladenen ruft, macht auch zum unfriedlichen Zeitgenossen. Zu einem, der widerspricht. Es ist nicht egal, ob in der Kirche die bedingungslose Liebe des Gekreuzigten gepredigt wird oder irgendeine fromme Ideologie. Aufrufe, alle Menschen sollten nett sein, dann ginge es schon miteinander auf der Erde, haben hier nichts verloren. Vor dem Kreuz ereignet sich die Scheidung der Geister. Alles, was nicht die Gnade Gottes verherrlicht, sondern auf menschliche Selbstheilung und Selbsterlösung setzt, schlägt dem Gekreuzigten ins Gesicht. Das muss hier gesagt werden. Weil jeder das Recht hat, von der christlichen Gemeinde das Evangelium zu hören, dürfen wir auch das kritische Wort nicht meiden. Wer selbst vor Gott gut sein will, mag zwar redliche Absichten haben und verdient Respekt. Nur ist das Evangelium bei ihm eben nicht angekommen. Wer moralisiert und Unterschiede aufrichtet zwischen den Menschen, verleugnet, dass wir allesamt Sünder sind und allein durch Gottes Gnade gerecht werden. Das muss die Gemeinde sagen. Dazu ist sie mündig. Wäre sie nur nett, verfehlte sie ihren Auftrag. Schlimmer: Sie verriete ihren Herrn.

Mündig zum Streiten, werden wir sagen, dass es keineswegs egal ist, woran ein Mensch glaubt, was sein Hoffen bestimmt. Auf dem großen Basar der Religionen sind nicht alle Angebote irgendwie ähnlich. Es ist ein riesiger Unterschied, ob mir gesagt wird: Gott hat ewige Gebote erlassen, die musst Du ohne Einschränkung und ohne eigenes Nachdenken befolgen – dann geht's Dir am Ende gut; oder ob mir die Gnade Gottes auf den Kopf zugesagt wird und ich damit auf einen eigenverantwortlichen Weg in mein eigenes Leben geschickt werde.

Nur bei uns ist das Evangelium zu hören. Christen haben, auf der Wurzel des jüdischen Volkes aufbauend, der Welt Einmaliges mitzuteilen: „Gott ist bedingungslos ein Freund seiner Geschöpfe!"

Ich weiß aus eigenen Dialogerfahrungen sehr gut, welche Provokation diese Botschaft enthält. Zugleich aber bewährt sich das Evangelium dort, wo es menschlich bitterhart kommt. Wo Menschen ganz auf sich geworfen sind, wo

Schuld, Schmerz und Versagen niederdrücken, da stiftet das Wort von Gottes Liebe neues Leben. Alle Moral, alles Drohen und Bestrafen führte da zu nichts. Aber die Liebe Gottes ist kreativ und schickt auch den gebeugten Menschen wieder los, damit er sein eigenes Leben wieder findet.

Beweisen können wir freilich nicht, dass Gott gnädig ist und nicht auf eine lieblose Weise bestrafend. Was das Wissen angeht, müssen wir uns gedulden bis zum Jüngsten Tag. Heute kann das Wort seine Kraft nur dadurch beweisen, dass es tröstet, ermutigt und neues Leben stiftet.

Und noch eins können wir: Unsere Freude und unsere Hoffnung heraussingen! Wort und Gefühl zusammenbringen und einen großen Chor derer bilden, die sich aus ihrer Schuld und ihrem Versagen befreit wissen.

Der Gesang der Gemeinde muss nicht perfekt sein. Hier darf schief gesungen werden, man darf die vorgeschriebenen Töne getrost verfehlen und sich auch einmal im Text vertun. Entscheidend ist, dass das Lied der Gemeinde von Herzen kommt. Dass hier Menschen dem Ausdruck verleihen, dass ihnen geholfen ist. Das nach unserem Maßstab Unmögliche ist an uns geschehen: Wir, die Verleugner, die Lieblosen, die Hartherzigen, die Kleinlichen – wir sind bedingungslos geliebt! Wir sind befreit aus unserer Enge, werden nicht gemessen an Kriterien, denen wir nie genügen können – auch wenn wir sie anderen Menschen dauernd vorhalten mögen. Gott liebt uns, so leidenschaftlich, dass ihm nichts zu teuer ist, um uns leben zu lassen und uns in seiner Nähe zu haben.

Gemeinde bezeugt, und Gemeinde streitet. Aber erst die feiernde, die jubelnde Gemeinde ist ganz bei sich und ganz bei ihrem Herrn.

Dass Gott mich liebt, will gesagt und im Streit vertreten sein. Aber noch viel mehr soll es herausgesungen, in grenzenlosem Dank allen nahegebracht werden. Gott liebt diese Welt! Halleluja! Amen.

(2010)

Befreiende Heimsuchung

Pfingsten

Nicht gebe ich euch, wie die Welt gibt. Euer Herz erschrecke nicht und fürchte sich nicht.

Johannes 14,27 (23-27)

Liebe Gemeinde!

Wer glaubt, ist nie allein. Weil ich als Glaubender immer zu der weltweiten Gemeinde gehöre. Weil mein Glaubensbekenntnis noch von so vielen anderen Christinnen und Christen gesprochen wird, in fast allen Sprachen der Erde, in warmen und kühleren Ländern, in Reichtum und Armut, in Freiheit und unter Verfolgung. Ich als einzelner Christ gehöre zu einer großen Gemeinschaft, zur Gemeinschaft der Hoffenden, Bekennenden und daraus Handelnden. Ich bin mit den Christen und ihrer Geschichte, mit Erfahrungen von Gutem und Schuldhaften, mit richtigen Worten und Taten und mit dem Versagen der Kirche an so vielen Stellen verbunden.

Das Entscheidende, weshalb ich als Christ nie allein bin, ist aber etwas Anderes. Glaube ist im Ursprung nicht mein Interesse, nicht meine Entscheidung, nicht mein Handeln. Wenn ich glaube, dann handelt ein Anderer in mir. Dann hat einer in mir Wohnung genommen, mich ergriffen. Dann gehöre ich nicht mehr mir selbst.

„Wir werden zu ihm kommen und Wohnung bei ihm nehmen“: Dies ist geschehen, wenn ein Mensch glaubt, dass Jesus Gott ist, der in der Geschichte handelt; wenn ein Mensch glaubt, dass seine Schuld am Kreuz Jesu schon gebüßt ist und im Endgericht nichts als Gottes Liebe auf ihn wartet; wenn ein Mensch glaubt, dass am dritten Morgen in Jerusalem das eine Grab leer war und deshalb kein Grab mehr Endstation ist. Das glaubt niemand aus sich selbst heraus. Niemand kann sich aus eigener Kraft und Verantwortung entscheiden, diese Botschaft anzunehmen. Wenn es so wäre, dann stünde und fiele mein Glaube ja mit meinen Zuständen, dann fehlte mir der Glaube womöglich gerade dann, wenn ich ihn am nötigsten hätte, in den ganz dunklen Stunden.

Es kommt aber auf meine Entscheidung nicht an. Dass mir die Botschaft von Gottes Liebe wahr wird, das leistet Gott. Für mich. Er kommt zu mir und nimmt mich an. Er stellt mich außerhalb meiner selbst. Er befreit mich davon, in meiner eigenen Sache immer das erste und das letzte Wort haben zu müssen. Wo ich mit mir ringe, wo ich unzufrieden bin mit dem, was ich von mir sehe, wo ich mich abquäle, um bestimmte Erwartungen zu erfüllen, da hat er schon gesagt: „Du bist mir lieb!" Da hat er mich schon angenommen, einfach so, weil er nicht ohne mich sein will.

Gott und sein lieber Sohn sind zu mir gekommen und haben Wohnung bei mir genommen. Eine Heimsuchung! Mancher mag mit diesen Worten unangenehme Vorstellungen verbinden, etwa Vorstellungen von wochenlangen Besuchen der Schwiegermutter, die sich in alles einmischt und nur Unfrieden stiftet.

Gott ist aber keine herrschsüchtige Schwiegermutter, sondern eben Gott. Das heißt, wenn wir ihn biblisch verstehen: Menschenfreund. Bedingungslos auf der Seite des Lebens, annehmend, stärkend, helfend. Sein Besuch schränkt nicht ein, konfrontiert mich nicht wochenlang mit dummen Ratschlägen und Genörgel, sondern befreit mich, jetzt erst richtig *ich* zu sein.

Mit diesem Gast, nein: Bewohner meiner eigenen Wohnung, werde ich frei, Sprünge zu machen, die ich sonst nie gewagt hätte.

Ich muss, wenn der gnädige Gott bei mir Wohnung genommen hat, nicht mehr darauf achten, um jeden Preis gut dazustehen. Ich kann zugeben: Ich habe Fehler, ich leiste so manches nicht, was doch zu Recht von mir erwartet würde, – und ich lebe trotzdem frei und zufrieden, denn nicht auf mich kommt es an am Ende, sondern darauf, dass Gott mich liebt.

Ich werde mit diesem Mitbewohner so unverschämt frei sein, Dinge zu tun, auch wenn sie nicht lohnen oder nicht ratsam scheinen – wenn dadurch die Freundlichkeit Gottes in die Welt ausgebreitet wird. Ich werde für Menschlichkeit eintreten, wo das Ärger hervorruft; ich werde Vorurteilen widersprechen und mich unbeliebt machen, wenn dadurch ein Stückchen Wahrhaftigkeit mehr in der Welt ist. Ich werde frei, gegenüber dem Nächsten nicht mehr auf mein Recht zu pochen. Mir, dem Geliebten Gottes, entspricht es doch viel mehr, das zu tun, was ihm, dem Nächsten, guttut; denn auch ihn hat Gott lieb. Was soll da mein kleiner Rechtsanspruch? Ich werde Anderes höher achten als die Karriere; das ehrliche Wort zum Beispiel. Denn am Ende werde ich bestimmt nicht gefragt, wie erfolgreich ich gebuckelt und mich angepasst habe. Die Frage wird heißen: „Wo bist Du Deinem Gewissen gerecht geworden, wo hast Du Zeugnis gegeben für die Gnade Gottes, an die Du glauben durftest?“

So kommt Freiheit in die Welt. So werden Menschen mutig und stark zum eigenen Weg.

Das Evangelium ist einmalig. Es ist grundverschieden von allen Ideologien, die erst etwas fordern und dann dafür Lohn versprechen. Gott, so wie er uns in der Bibel bezeugt wird, ist zuerst für uns, aus seiner göttlichen Freiheit und Güte heraus, und das müssen wir nicht verdienen. Das können wir stolz und frei jedem entgegen halten, der uns Angst einreden will. „Werde so, wie ich es verlange, und es wird dir gut gehen“: Da sind mit Sicherheit Lüge und Betrug im Spiel. Wer Menschen Angst einredet, um sie irgendwo hin zu treiben, der dient einer bösen Lehre, die ganz anders ist als das Evangelium. Das Evangelium schüchtert nicht ein. Nur Güte erzeugt auch Gutes. Der liebevolle Gott Jesu macht keine erpresserischen Geschäfte. Wo das gelehrt und geglaubt wird, wo mit dem Evangelium der Lüge widersprochen wird, da regiert der Geist von Pfingsten. Da ist Kirche.

Würden wir Christen an dem gemessen, was wir selbst in der Geschichte getan – oder besser: verbrochen und angerichtet – haben, wir müssten schamhaft verstummen. Aus wäre es mit uns. Aber die christliche Botschaft ist eben nicht die Ideologie der Christen, sondern Gottes Auftrag an uns. Er beauftragt uns, die Botschaft auszubreiten, obwohl wir dazu eigentlich nicht würdig sind. Nicht wir sind glaubwürdig. Gott schafft sich Glauben. Wir müssen die Fehler der Kirche in Vergangenheit und Gegenwart weder leugnen noch beschönigen. Aber das Evangelium von der Gnade Gottes wird dadurch eben nicht in Frage gestellt, so wahr Kirche aus der Gnade Gottes lebt und nicht aus eigener Herrlichkeit.

Wer glaubt, ist nie allein. Ich bin als Christ verbunden mit den Christinnen und Christen aller Zeiten und Länder. Und ich habe eben den einen Bewohner in meinem Haus. Den, der mich frei macht, ich selbst zu sein. Den, der mich bedingungslos liebt. Den, der mir die Freiheit gibt, seine Botschaft zu predigen. Amen.

(2009)

Gott, doch ein Buchhalter?

Erster Sonntag nach Trinitatis

Hören sie Mose und die Propheten nicht, so werden sie sich auch nicht überzeugen lassen, wenn jemand von den Toten auferstünde.

Lukas 16,31 (19-31)

Liebe Gemeinde!

Eine Drohbotschaft! Vorgetragen von einem, der es nun wirklich wissen muss – und keiner hört sie!

Was die Geschichte erzählt, ist bitter ernst zu nehmen. Da werden entscheidende Fragen des menschlichen Anstands behandelt. Es ist nicht egal, wie solche, die genug und mehr zum Leben haben, mit solchen umgehen, die viel zu wenig haben. Es ist nicht hinzunehmen, dass es Menschen gibt, die sich als Herren, ja geradezu als Eigentümer anderer Menschen aufspielen. Noch in der Hölle kann es der Reiche nicht lassen, Lazarus Anweisungen zu geben. Früher hatte er ihm nichts gegeben; jetzt will er Chef spielen. Es ist bitter und nicht hinzunehmen, dass anscheinend keine Moral die Menschen dazu bewegt, gerechter und rücksichtsvoller zu leben.

Aber ist es das, was uns erwartet? Steht uns ein strenges Gericht nach unseren Werken bevor, ein Ausgleich für das, was wir hier getan oder versäumt haben? Ich wage, an dieser Stelle zu zweifeln. Denn immerhin: Diese Geschichte wird von niemand Anderem erzählt als eben von Jesus. Von dem, der in Person der gerechte Gott ist und der sich auf dem Weg befindet, sein Leben für die Sünder zu geben, sein Leben – auch für mich!

Sollte da wirklich diese lieblos-logische Moral der Abrechnung, sei sie noch so gerecht, das letzte Wort behalten? Was sollte Gottes Tod am Kreuz bewirkt haben, wenn es am Ende doch so käme?

Was ihr getan habt einem der Geringsten, das habt ihr mir getan, sagt Jesus an anderer Stelle. Jawohl, der bedürftige Mensch ist der Ort, wo uns Gott begegnet und herausfordert. Ein Gottesdienst im abgezirkelten heiligen Bereich wäre nichts wert, wäre Gotteslästerung, wenn uns die Menschengeschwister dabei gleichgültig wären. Der Mensch, der uns braucht – der ist Gott, der uns entgegen kommt. Wer gut ist zu einem Menschen, egal, aus welchem Antrieb, der hat seinen Schöpfer verherrlicht.

Der bedürftige Mensch! Freilich, mit etwas Almosen ist es meistens nicht getan. Der Mensch bedarf wohl auch nicht immer dessen, worum er ausdrücklich bittet. Ein Alkoholsüchtiger bedarf der Therapie, bedarf der echten und mühevollen Zuwendung – und nicht der Schnapsflasche, um die er womöglich bittet. Ein Schüler bedarf zuweilen der Ermahnung – und nicht immer der Nachsicht. Ein Mensch, der selbst im Leben alles richtig machen will und sich und den Nächsten damit zur Plage wird, bedarf des strengen geistlichen Zuspruchs: „Lass es

Gott sein, der dich gut macht, befiehl dem Herrn deine Wege, er wird's wohl machen!"

Das, was hilft, kann auch enttäuschend und schmerzhaft sein. Nachgiebigkeit ist nur bedingt ein Beweis der Liebe.

Zu diesem vielfältigen Dienst am nächsten Menschen fordert der Gott heraus, der selbst ein Mensch geworden ist. Dieser Gott ist niemals nur so „Gott". Er thront niemals alleine irgendwo hoch droben. Es befriedigt ihn auch keineswegs, immer nur zuzuschauen, wie Menschen sich in liebloser frommer Übung ergehen. Was wäre das für ein sonderbarer Schöpfer, der die Menschen ins Dasein ruft und dann nichts zu tun hat, als sich tagein, tagaus von ihnen huldigen zu lassen?

Nein, der Gott der Bibel, der Gott des Lebens und der Liebe, will, dass seine Geschöpfe vor ihm *leben*. Dass sie ihre Möglichkeiten einsetzen, ihre Freiheit erkämpfen, gestalten und verteidigen. Er will, dass sie ihren Verstand benutzen, Lösungen finden für alle möglichen Probleme auf dieser Erde. Gott will, dass wir Menschen vor ihm *Menschen* sind, Menschen, die einander beistehen und sich aneinander erfreuen, die sich auch einmal streiten und aus den Gegensätzen Fortschritte gewinnen.

Dazu bin ich vor Gott herausgefordert: Gottesdienst ist Dienst am Nächsten, in ganz unterschiedlicher Gestalt, jeden Tag neu.

Soll ich mir damit aber den Himmel verdienen? Sollte das, was ich leiste, wichtiger sein als die große Gabe Gottes für uns, entscheidender als der Gott am Kreuz?

Nein! Und zwar zunächst deshalb nicht, weil dadurch die Menschlichkeit auf der Strecke bliebe! Wenn ich den nächsten Menschen nur gut behandelte, weil es mir bezahlt würde im Paradies – was bedeutete er selbst mir? Wäre der Nächste für mich dann nicht nur Mittel zum egoistischen Zweck? Dann täte ich dem Menschen nur etwas Gutes, um selbst noch Besseres dafür zu bekommen – obwohl er mich ja eigentlich gar nicht interessiert!

Menschenwürde besteht darin, dass ein Mensch niemals zu einem Mittel gemacht wird, das man einsetzt, um etwas Anderes zu bekommen. Ein Mensch ist immer selbst der allerhöchste Zweck, und das nicht erst, seit Immanuel Kant diese richtige Formel prägte. Ein Mensch trägt alles, was ihn wertvoll macht, in sich selbst. Davon wird der menschenfreundliche Gott der Bibel nicht abweichen. Auch er wird nicht wollen, dass Menschen nur deshalb Beachtung und Hilfe finden, weil sich dabei etwas Höheres verdienen lässt. Gott liebt jeden Menschen um des Menschen willen. Und so sollen wir es auch tun. Ich soll dem Nächsten das geben, was er braucht, eine kleine materielle Hilfe, ein gutes Wort, vielleicht auch einen strengen Rat – weil er mein Nächster ist und mir nicht gleichgültig. Nicht, weil ich das bezahlt bekäme! Ich soll dem Nächsten tun, was ihm gut tut, weil ihm das gut tut und ich will, dass es ihm gut tut. Das ist alles! Nur so bleibt die Nächstenliebe Liebe und verkommt nicht zum Geschäft auf Kosten des Menschen.

Würde ich mir im Dienst am Nächsten den Himmel verdienen müssen, dann bliebe die Menschlichkeit auf der Strecke. Und von Gottes Göttlichkeit bliebe auch nichts übrig. Denn was wäre das für ein kleinlicher Götze, der nur vergelten könnte, was Menschen zuvor geleistet haben? Ein echter Gott ist kreativ! Ein wirklicher Gott schafft Leben, wo vorher nichts war als Tod und Verderben! Ein Gott, der diesen Namen verdient, stiftet Gerechtigkeit, wo Menschen in Unrecht und Bitterkeit umkamen.

Wollen wir unserem Gott das gönnen – oder wollen wir einen kleinlichen Götzen aus ihm machen? Ich bin dafür, ihn Gott sein zu lassen: Stark genug, um Hölle und Tod zu besiegen und mich samt allen anderen Kreaturen aus reiner Liebe in seinem Reich zu vollenden. Das Wort der Auferstehung ist mächtiger als meine Verfallenheit an den Tod. Der Ostermorgen muss nicht darauf warten, dass ich aus eigener egoistischer Mühe etwas Gutes tue und des Himmels würdig werde. Nein! Der Ostermorgen ist die überwältigende Wirklichkeit des Le-

bens. Und ich Unwürdiger werde mit diesem neuen Leben erneuert und würdig gemacht, ein Kind Gottes zu heißen.
Dann freilich wird es keine Frage sein, dass der Nächste mich angeht. So, wie Gott mich liebt und aus reiner Liebe losgemacht hat von meiner Schuld, so ist ja auch der andere Mensch ein Geliebter Gottes. Auch ihn soll nicht die eigene Schuld, womöglich das, was er mir schuldet, niederdrücken. Wo ich gnädig befreit bin von meiner Last, werde ich bestrebt sein, seine Last zu erleichtern. Ich kann ihm nicht mehr Schulden anrechnen und vorwerfen, wo meine Schulden einfach so erlassen wurden.
Nächstenliebe hat, wenn sie frei ist und echt, etwas mit Dankbarkeit zu tun. Mit der Freude darüber, dass wir alle am Leben sind. Nächstenliebe kommt aus dem Vertrauen darauf, ein Kind Gottes zu sein und niemals aus Gottes Vaterhand heraus zu fallen. Darum ist das Evangelium eine frohe Botschaft und keine Drohbotschaft.
Aber: Ein von Gott Gerechtgesprochener wird sich entsprechend verhalten. Wer selbst aus der Gnade lebt, wird Gnade verbreiten. Wer selbst das Licht des Lebens kennt, wird kleine Lichtlein anzünden in den Finsternissen dieser Erde. Glaube bleibt nicht ohne Werke. Dem Glauben ist niemals egal, unter welchen Umständen Menschen leben. Er sucht nach dem, was dem Nächsten gut tut.
Die Drohung mit dem Feuer der Hölle braucht es dazu nicht. Weil unser Gott nicht die Hölle braucht, um stark zu sein. Er besitzt genug Stärke, dass er seine Feinde nicht wegsperrt und auf kleiner Flamme quält, sondern sie erneuert und zu seinen Freunden macht. Das traue ich meinem Gott zu. Und alle Opfer der Geschichte, alle Ermordeten und Verhungerten und Geschändeten dieser Erde, sie werden ihr Recht bekommen. Das traue ich Gott zu.
Nicht umsonst geht Jesus seinen Weg ans Kreuz. Er, der diese Geschichte von Lazarus erzählt, ist selbst im Begriff, die Hölle zu überwinden. Die vielen kleinen Höllen des Menschendaseins freilich, die warten noch auf uns, um über-

wunden zu werden. Durch unsere Liebe zum Nächsten. Eine Frohbotschaft, die in Bewegung setzt. Amen.

(2009)

Der Kern des Evangeliums

Israelsonntag (10. Sonntag nach Trinitatis)

Gott hat alle eingeschlossen in den Ungehorsam, damit er sich aller erbarme.
Römer 11,32 (25-32)

Liebe Gemeinde!

Die Erwählung Israels ist der Kern des Evangeliums. Kleiner kann und will ich es nicht sagen, nicht nur, weil Israelsonntag ist, wir traditionsgemäß der Zerstörung des Jerusalemer Tempels gedenken und uns auf Gottes Weg mit seinem Volk besinnen wollen. Kleiner als so, dass es hier, bei der Erwählung des jüdischen Volkes, für uns um *alles* geht, kann und will ich es vor allem deshalb nicht sagen, weil hier der biblische Gott selbst sich zur Rede stellt und aufs Spiel setzt.

„Gott hat alle eingeschlossen in den Ungehorsam, damit er sich aller erbarme." Der biblische Gott, der Gott Israels, ist Gnade und nichts als Gnade. Entgegen allen Gerüchten erzählt das Alte Testament, die große Leihgabe der Juden an uns, eine Gnadengeschichte. Gottes Gebot, die Prophetie und alles geschichtliche Handeln Gottes im Ersten Bund: All das kommt aus dem göttlichen Ur-Impuls, ein gnädiger und liebender Gott sein zu wollen, ein Freund der Menschen, der mit allem Eifer für unser Leben eintritt. Die Probe darauf ist Gottes Bund mit dem jüdischen Volk.

Weil die Erwählung der Juden der Kern des Evangeliums ist, stellt die Judenfrage uns die Christenfrage. Vor dem Bund Gottes mit Jakob und seinen Nachkommen bin ich herausgefordert zu erklären, wie ich, der Christ aus den Heiden, mir mein Verhältnis zu Gott vorstelle, wie ich meine Zugehörigkeit zur Gemeinschaft der zu Gott Gehörenden bestimme.

Es geht, wenn wir Paulus in seiner Argumentation gegenüber den römischen Christen folgen, um ein Geheimnis, etwas, das nicht offen am Tage liegt und nicht so fraglos anerkannt ist wie zum Beispiel die Gleichung „2 plus 2 ist 4“. Indes, so der Apostel weiter, handelt es sich im Licht des Glaubens um ein aufgeklärtes Geheimnis, eines also, dessen Inhalt man kennen kann. Geheimnisse aufzuklären, ist oft mit Kränkung verbunden, können Irrtümer doch sehr bequem sein. Wer Geheimnisse lüftet, zerstört Illusionen. Im Fall der römischen Christen des Jahres 52 geht es um die Illusion des eigenen Vorsprungs. Sie halten sich selbst für klug, hält Paulus ihnen entgegen, weil sie nämlich den eigenen christlichen Stand vor Gott für einen Vorzug halten. „Wir sind Bekehrte, entschiedene Christen – darum triumphieren wir heute schon über die verworfen Zurückgebliebenen, so, wie wir am Abend aller Tage erst recht über sie triumphieren werden!“

Da wird der Stand vor Gott zum religiösen Besitz. Da will ich bekommen und behalten, was ich mir verdiene. Und, gerechtermaßen, soll der, der in meinen Augen nichts Entsprechendes verdient, vor Gott dann auch keinen Stand haben. Ab mit ihm in die Verdammnis, es sei denn, er bekehrt sich und wird wie ich.

Niemandem wohl fällt es schwerer, den gnädigen Gott nicht bloß so zu nennen, sondern ihn wirklich gnädig sein zu lassen, als dem Frommen. Der biblische Gott ist eine Zumutung für den religiös Engagierten. Eine Zumutung – nein: mehr als das, schlicht unzumutbar – ist darum auch die Erwählung Israels.

Vor etwa zwei Jahren sprach ich in einer Rundfunk-Kurzandacht über Jakob, den dritten der Erzväter. Darauf fragte mich ein älterer, gebildeter Herr aus meiner Gemeinde, ob denn die Maxime „Üb’ immer Treu und Redlichkeit“ nicht mehr zum Kanon der evangelischen Kirche gehöre. Es sei ja furchtbar, wie ich diesen Schurken als einen Gott besonders nahen Menschen beschrieben hätte. Ich habe erst einmal geschluckt und nach mehreren Sekunden Nachdenkens geantwortet, bei redlichem Blick auf mich selbst sei ich jedenfalls sehr froh, dass Gott den Jakob nicht verworfen habe.

Jakob ist Israel. Genauer: Jakob erhält diesen Beinamen, und zwar in einer ausgesprochen bezeichnenden Situation. Er ist auf dem Weg, um seinem Bruder Esau zu begegnen. Dem hatte er das Recht der Erstgeburt gestohlen. Jakob hatte allerhand krumme Dinger gedreht. Auf solch einem Weg ist einem nie ganz wohl. Und nun gelangt er auch noch an eine gefährliche Stelle, eine Furt durch den Fluss Jabbok. Jakob hat sowieso schon nasse Füße vor schlechtem Gewissen und Sorge, und jetzt droht ihn die Flut real wegzureißen und sein krummes Leben vorzeitig zu beenden. Da steht er also, der Feind seines Bruders, das verschlagene Muttersöhnchen, Betrüger und auch selbst Betrogener – ein Typ Mensch, mir selbst viel zu ähnlich, als dass ich ihn mir zum Freund wünschte –, da steht er am gefährlichen Engpass, und jeder moralisch einigermaßen Erzogene würde erwarten, dass Jakob nun in sich geht, klein und demütig wird und gelobt: „Lieber Gott, wenn ich hier heil durchkomme, ändere ich mein Leben und werde gut." Doch nichts da! Es heißt: Da rang einer mit ihm, bis die Morgenröte anbrach, aber er überwältigte ihn nicht. Jakob trägt aus diesem Kampf eine verrenkte Hüfte davon, doch er bleibt halsstarriger Sieger. Der Andere bittet schließlich darum, gehen zu dürfen, er kapituliert vor Jakob und seiner Selbstbehauptung. Jakob indes sagt zu dem Anderen: Ich lasse dich nicht, du segnest mich denn.

Seitdem heißt Jakob „Israel". Israel bedeutet: Gott kämpft. Wohlgemerkt: Nicht Jakob ist der Kämpfer für Gott, für Gebot und Frömmigkeit. Nein, Jakob ist der, mit dem Gott gekämpft hat. Jakob ist der, der es am Ufer des Jabbok mit dem großen Gott selbst zu tun bekam, der aber von seiner Selbstbehauptung nicht abließ, bis Gott kapitulierte. Doch dann konnte Jakob nicht einfach „Tschüss!"

sagen, sondern erbat, nein: ertrotzte sich den Segen des Anderen. Dieser ist Jakob, der, mit dem Gott kämpft, der vor Gott halsstarrig bleibt und der von Gott doch nicht loskommt. Jakob ist der, der auf eigenen Vorteil aus ist, den weder ein schlechtes Gewissen noch die Begegnung mit dem lebendigen Herrn erzieherisch veredelt.

Genau mit diesem Jakob will Gott seine Geschichte machen. Mit einem echten Menschen! Voll von Widersprüchen und Selbstsucht, von enttäuschter Hoffnung und gerissenen Plänen, ein Mensch mit vielen Gesichtern, aber ohne klaren Charakter, moralisch stets am Abgrund. Ein Gott, der sich auf diesen Kampf einlässt, der sich besiegen lässt und dann seinen Segen gibt, der kann nichts sein als – Liebe. Andere Götter mögen sich von Menschen bedienen und bestechen lassen, sie mögen Fehler und Verdienste der Menschen wägen und gerecht belohnen, sie mögen Menschen ihr Glück neiden: Dieser Gott gibt sich selbst auf, dem selbstherrlichen Menschen zuliebe.

Gott kämpft, mit und gegen diesen Menschen. Aber er zerstört ihn nicht, so verdient die Todesstrafe hier wäre. Gott tritt dem schlimmen Menschen in den Weg, um seinen Gang zu segnen.

Ein schauderhafter Gott ist das für alle Virtuosen der Moral und Religion! Gerecht geht es bei dem nicht zu. Aber lebendig. Mir Menschen wird zugemutet, mich im Angesicht dieser Gottesgeschichte zu sehen. Mich zu sehen als Abbild dieses Jakob: Feind meines Bruders, Muttersöhnchen, Betrüger und Betrogener, dauernd unzufrieden und noch in der Begegnung mit dem lebendigen Herrn halsstarrig bis zuletzt.

Unzumutbar klingt diese Rede von Gott und dem Menschen allen Ideologen der Menschenveredelung. Nicht zufällig konnte der im 20. Jahrhundert in zwei großen Anläufen unternommene Versuch, einen neue, ewige Weltordnung zu schaffen und einen neuen, zufriedenen Menschen darin, die biblische Predigt neben sich nicht ertragen. Der Mensch im biblischen Sinn ist Erb-Sünder, unfähig, selbst das Dauerhafte, Gerechte und Zufriedenstellende zu schaffen. Keine Erziehung wird ihn gut machen. Der biblische Mensch ist ein Sünder, der gesegnet und gezeichnet von der Begegnung mit Gott seines Weges hinkt, dem Friedensreich entgegen, das nicht aus menschlicher Großtat, sondern aus Gottes schöpferischer Kraft entstehen wird. Das verkraftet weder die marxistische noch die völkische Heilslehre. Nicht zufällig kam und kommt die Kritik am biblischen Menschenbild bevorzugt menschenfreundlich verkleidet daher: „Wie könnt Ihr sagen, schon kleine Kinder trügen den Keim des Bösen in sich?" Noch jede Diktatur, die den „neuen Menschen" zu schaffen versprach, hat sich auf den Kult des unschuldig reinen Kindes und der strahlenden Jugend verlegt und damit den alten biblischen Sündenkrüppel moralisch abserviert. Was dabei herauskam, war stets das Gegenteil von Menschlichkeit.

Dass Gott mit dem Sünder Jakob-Israel seine Geschichte macht, ist der Kern des Evangeliums. Aber es bleibt eine Zumutung, gerade deshalb. Weil religiöser Eifer nach Belohnung verlangt. Und weil es zu meiner Sünderexistenz gehört, besser dastehen zu wollen als der Nachbar, in dem ich so gerne den noch viel ärgeren Sünder sähe. Gottes Gaben und Berufung können ihn nicht gereuen. Ja, die Christen damals in Rom wünschen sich einen beleidigten, reuevollen Gott. Einen, der seine erste Liebe verwirft der vielen Enttäuschungen wegen und sich exklusiv auf eine jüngere Beziehung einlässt. Sie wollen ihren Gott, von dem sie erst ganz frisch gehört haben, allein für sich. Die alten hässlichen Sünder, von denen die Geschichten von Jakob, Mose, Saul und David berichten, die sollen erledigt sein. Das hätten sie gerne. Und auch nicht wenige Christen unserer Zeit würden Gott gerne vorschreiben, dass außer auf ihrem Weg niemand zum Heil gelangen darf. Wir predigen, tragen das unter die Menschen, was uns das Allerwichtigste ist – und die Juden in ihrer Mehrzahl glauben es nicht! Gekränkt reagieren fromme Christenmenschen darauf, als ob Glaube eine persönliche Leistung, ein anerkennenswertes Verdienst wäre – und als ob der Unglaube nicht zum großen Geheimnis des göttlichen Weltregiments gehörte. Vor gerade sechzig Jahren, der Rauch der Krematorien war fast noch zu riechen, erklärten Christen aus Deutschland – Männer der Bekennenden Kirche, keine Nazis! –, der Holocaust sei so zu deuten, dass Gott die Juden mit letztem Nachdruck zur Bekehrung gerufen habe. Jetzt sollten sie gefälligst ihre Verstockung überwinden und zu Christus kommen, ihre Ablehnung unserer Predigt aufgeben. Gegenwärtig erinnert mich der moralische Übereifer mancher Christinnen und Christen, die fern jeder tieferen Einsicht in die nahöstliche Konfliktsituation meinen, dem jüdischen Staat von hier aus Verhaltensratschläge geben zu müssen, an jenen gekränkten Bekehrungsdrang.

Der Israelsonntag ist der wahre Bußtag im Kirchenjahr. Denn heute werden wir daran erinnert und ermahnt, dass Gott trotz Bestehens der Kirche nicht fertig ist mit seiner Welt. Nicht dass wir unser Bekenntnis sprechen und weitergeben, nicht dass wir uns bemühen, auf dieser Erde christlich zu leben, ist das Endziel Gottes. Ganz Israel wird gerettet werden – und wir mit, samt dem ganzen Werk der göttlichen Hände –, aber nicht so, wie unsere Moral und unsere Frömmigkeit es sich zurechtlegen, sondern nach dem Maß der Weisheit Gottes. Alle, uns Christen vielleicht ganz besonders, wird er überraschen mit der Herrlichkeit und Weite seines Reiches. Verblüfft werden wir uns wiederfinden inmitten der Versammlung derer, mit denen wir dann versöhnt sind unter Gottes freundlichen Augen. Bis dahin freilich müssen wir als Kirche mit allerlei Anfeindung und Widerspruch leben. Wir müssen leben mit Ärgernissen der christlichen Ökumene, müssen leben mit dem wuchtigen Auftreten des Islam, müssen leben mit einem Neuheidentum, dem die christliche Vergangenheit und Kultur Europas gleichgültig ist.

Erst recht leben müssen wir aber mit dem jüdischen Nein zu Jesus als dem Christus. Sie, die Kenner der biblischen Tradition, sagen: „Das kann's ja wohl nicht gewesen sein!" Was die Propheten verheißen haben für die Ankunft des Messias, ist mit Jesus und mit der Gegenwart der Kirche *nicht* eingelöst. Blinde sehen nicht, Lahme gehen nicht, den Armen ist das Evangelium meist nur leeres Wortgeklingel. So ist es. Das hören zu müssen, deprimiert, vor allem, weil jeder

Blick in die Nachrichten das Widersprechen schwerer macht. Unser Glaube ist herausgefordert durch das jüdische Nein zum gekommenen Christus. Feinde des Evangeliums sind sie – uns zugute. Damit zu leben, trotzdem festzuhalten an kleinen praktischen Zeichen der Menschenfreundlichkeit, das heißt: Bußfertige Kirche sein.

Wir leben im Glauben, nicht im Schauen, im Hoffen, nicht im Besitzen. Glaube lässt sich nicht beweisen, nur bewähren, in ausdauernden kleinen Schritten zum Zeugnis einer menschenfreundlichen Erde.

Gottes Gaben und Berufung können ihn nicht gereuen. Das gilt es am heutigen Bußtag zu hören. Die Erwählung der Juden gründet nicht in deren besonderen Qualitäten – falls es die denn überhaupt gibt. Juden sind nicht schöner, nicht schlauer, nicht frömmer als andere Leute – und müssen das auch nicht sein. Es genügt, dass Gott sie zu Zeugen seiner Zukunft bestimmt, dass er ihren Stammvätern seinen Bund versprochen hat. In diesem Bund aber kommt exemplarisch zum Vorschein, was der Mensch für einer ist: Ein Jakob eben, halsstarriges Muttersöhnchen, Betrüger und Betrogener. Gott ist treu: Wäre er den Kindern Jakobs nicht treu, wie könnten wir uns auf seine Zusage verlassen, das Versprechen unserer Taufe ernst nehmen?

Karl Barth, der Theologe, der im 20. Jahrhundert maßgeblich ein neues Nachdenken über die jüdischen Wurzeln unseres Glaubens eingeleitet hat, dachte in seinem letzten Telefongespräch, am Abend, bevor er zum letzten Mal zu Bett ging, mit seinem Freund Eduard Thurneysen darüber nach, dass unsere Welt trotz aller Schrecken und Enttäuschungen in einer guten Hand ist. Barth schärfte seinem Weggefährten ein: „Nur die Ohren nicht hängen lassen. Es wird regiert. Gott sitzt im Regimente, und er lässt keinen von uns fallen. Keinen einzelnen und uns alle miteinander nicht!“ Das ist genau das Geheimnis, das Paulus den Christen in Rom eröffnet: Der Gang der Geschichte ist nicht unsere Sorge; es ist gesorgt, und zwar aufs Beste. Wir haben Gottes Weg mit seiner Schöpfung nicht eigenmächtig ans Ziel zu bringen, noch viel weniger haben wir zu beurteilen, wie es zwischen Gott und anderen Menschen steht. Das Endgericht steht in Gottes Autorität, nicht in unserer. Gott aber offenbart sich als der, der sich selbst hingibt für den Sünder. Dass Gott im Regimente sitzt und keinen fallen lässt: Das gilt heute, morgen, bis ans Ende der Zeit und darüber hinaus. Es gilt für das Verhältnis zwischen Christen und Juden, es gilt angesichts eines auftrumpfenden Islam, es gilt trotz scheinbar schwindender Zustimmung zum christlichen Bekenntnis in unserer Gesellschaft, und, ja, es gilt angesichts kirchlicher Verhältnisse, die zuweilen allen evangelischen Grundsätzen hohnsprechen. Dass Gott regiert, das ist mir gesagt angesichts eines bockigen Konfirmanden, einer frömmelnden Presbyterin und auch angesichts meiner eigenen Fehler und Zweifel. Gott weiß seine Geschöpfe zu seinem Ziel zu bringen.

Gottes Bund mit Jakob, dem Sünder, und mit seinen Nachkommen ist der Kern des Evangeliums. Denn da erfahre ich, dass es nicht auf meine eigene Qualität ankommt, sondern auf Gottes Gnade allein. Dem Frommen mag das nicht schmecken, und Israel hat vielfältig dafür bezahlen müssen, dass es Zeuge des unbedingt gnädigen Gottes ist, der unsere Maßstäbe umwirft. Am Israelsonntag ist Buße angesagt der Anmaßung wegen, derer wir Christen immer wieder vor Gottes Gnade und vor dem Volk seiner Zeugen schuldig geworden sind. Womöglich wird im Raum der Kirche der Hass auf Israel nie ganz verstummen, denn die von der Erwählung der Juden ausgehende Provokation für Frömmigkeit und Moral ist gewaltig.

Und doch: Es wird regiert! Gut regiert. Gnädig. Am lieben jüngsten Tag wird Gott uns überraschen, wie gnädig er es immer schon mit uns meinte. Gott hat alle eingeschlossen in den Ungehorsam, damit er sich aller erbarme. Amen.

(2008)

Aufbruch mit Belastung

20. Sonntag nach Trinitatis

Ich will hinfort nicht mehr die Erde verfluchen um des Menschen willen. Denn das Dichten und Trachten des menschlichen Herzens ist böse von Jugend auf.
1. Mose 8,21 (18-22)

Liebe Gemeinde!
Aufbruch in den neuen Morgen! Noah und seine Söhne gehen mit ihren Familien, mit allen Tieren, mit allem Leben, das überlebt hat, hinaus aufs feste Land. Soviel Anfang war nie, hat jemand über das Jahr 1945 in Deutschland gesagt. Damals berappelten sich die Menschen, die der Flut des politischen Wahnsinns und dem Inferno des Krieges entkommen waren, und bauten aus den Trümmern eines verdientermaßen untergegangenen Reiches ein Land auf, in dem zu leben sich immer noch lohnt. Soviel Anfang war nie: Das passt erst recht auf Noah und die Seinen, die aus der Arche hervorkommen und die ganze Erde vor sich haben, um darauf zu pflügen, zu säen, zu ernten, um zu bebauen und zu bewahren.
Viel Anfang ist: Viel Raum, der zum Gestalten einlädt, viele Aufgaben, die gemeistert sein wollen, auch viele Chancen, die sich dem bieten, der Grips und Kraft und Anstrengung mitbringt. Viel Anfang, und doch fehlt die Freude des ganz Neuen. Noah und die Seinen kommen nicht im Paradies an. Sie sehen kein Morgenlicht, schön wie Anfang, kein Glanz bricht vom Garten Eden zu ihnen auf. Die Wasser der Flut verlaufen sich. Was sie zurücklassen, ist nicht wie jener liebliche erste Tau, der auf erstem Grase lag. Die Wasser der großen Flut waren tödlich. Sie haben Leben vernichtet. Diese Wasser haben nicht erquickend be-

netzt. Mensch und Tier haben jämmerlich ersaufen müssen darin. Verwesungsgestank liegt über dieser Flut.
Noah und seiner Familie fehlt die naive Freude derer, die unbeschwert Neues anfangen. Sie sind nicht erste Menschen auf einer unberührten Erde. Sie sind Davongekommene auf der Erde, die längst eine Geschichte hat, die von Ereignissen und Taten kündet, deren Steine und Wege, deren Felder und deren Blumen von dem Schrecken berichten, der hier geschah. Die Erde, die Noah aus der Arche heraus betritt, ist bereits ein Massengrab, ist die Schädelstätte zerstörter Hoffnung und abgebrochenen Lebens.
Hier anzufangen, das ist anders als einst bei Adam im Paradies. Hier dürfen nicht frei Namen vergeben werden: Das große Tier mit dem Rüssel nenne ich Elefant, das mit dem langen Hals soll Giraffe heißen, das gemütliche dicke Tier mit dem Euter drunter ist die Kuh, und der so schräg krähende Vogel ist ein stolzer Hahn... Nein! Hier herrschen bereits feste Begriffe und Namen. Hier kennt man sich, kennt sich zu gut, um unbeschwert beginnen zu können. Auch die Menschen kennen sich, gerade sie. Noah hat sehr wohl im Gedächtnis, wie seine Mitmenschen ihn auslachten, als er anfing, die Arche zu bauen. Er weiß, wie egal ihnen das Gebot Gottes gewesen war. Er spürt noch den Schmerz ihres Spottes. Und genauso schmerzt ihn, dass sie alle nicht mehr da sind, untergegangen in dem Verderben, das sie sich zuzogen. Noah hat ihre Lebenspläne gekannt, ihre Wünsche gewusst, er hat einmal ihre Freuden und ihre Ängste geteilt. Sie sind jetzt tot, untergegangen, als der Herr nur ihm den Ausweg ließ.
Noah ist gerettet, mit ihm fängt das Leben der Menschen auf der Erde neu an. Aber er ist vertrieben aus dem Paradies. Er weiß, wie zerbrechlich und anfällig alles Leben ist, er kennt den Schmerz des Verlustes und die Trauer um das, was für immer verloren ist.
Kompliziert ist der Mensch geworden. Kompliziert ist er, nicht freier Herr über sein Leben. Da wird nicht aus einer richtigen Einsicht ein richtiges Werk. Da reift der gute Gedanke nicht zum guten Ergebnis. Da stimmen Erkenntnis,

Wunsch und Gefühl oft nicht überein. Im Paradies war es anders. Noah trägt die Erinnerung daran in seinem Herzen. Das macht es jetzt nicht leichter. Das belastet den Anfang unter den Bedingungen, die jetzt herrschen. Das gibt dem Verwesungsgestank der ablaufenden Flut eine stechende, wehmütige Note. Einmal war es anders. Einmal war der Mensch mit sich im Reinen.

Früher einmal war auch das Verhältnis zu Gott nicht kompliziert. Einmal konnte frei heraus mit Gott gesprochen werden. Frei durfte der Mensch den Tieren ihre Namen geben. Frei heraus hat er gesagt, was er brauchte und wie es ihm ging im Garten Eden. Jetzt ist es kompliziert. Verdient war der Untergang in der Flut, das weiß der Mensch. Jetzt nähert er sich bäuchlings seinem Gott, nicht aufrecht wie von Gleich zu Gleich. Nicht mehr direkte Worte, sondern Opfer sind es, die der Mensch an Gott richtet. Geben will er, bezahlen, um gnädig angehört zu werden. Blut muss fließen, damit das eigene Blut am Leben bleibt. Ein schlechtes Gewissen sucht nach Wegen der Bestechung. Es will selbst einen Grund legen, um mit dem Mächtigen erfolgreich verhandeln zu können. Nur wer gut schmiert, der gut fährt. Ganz mit leeren Händen und freimütig vor Gott zu treten, das ist nur noch wehmütige Erinnerung, aus und vorbei.

Kein leichter Anfang für Noah und die Seinen, die da mit den Tieren aus der Arche kommen. Aber die Geschichte wäre keine biblische Geschichte, wenn da nicht eine zweite Sichtweise, eine andere Blickrichtung noch zum Vorschein käme. Das ist nicht die Blickrichtung des Menschen. Wer als Mensch ehrlich ist, der gibt zu, wie heikel es um ihn steht. Die Parole „Schlussstrich und weitermachen!“ führt zu allererst den an der Nase herum, der sie herausposaunt. Wer behauptet, so schlimm sei es ja gar nicht, lügt sich in die Tasche und nützt niemandem.

Ich will hinfort nicht mehr die Erde verfluchen um des Menschen willen: Das ist die andere Blickrichtung! Da kommt hervor, was der Mensch sich nicht sagen, sich nicht selbst nehmen kann.

Für den Menschen ist es vorbei, wenn die eigenen Möglichkeiten erschöpft sind. Wer auf ganzer Linie versagt, ist ein Versager – Schluss, aus, weg mit ihm! Wo der Mensch ganz allein bei sich ist, kommt am Ende nichts heraus als Verwesungsgestank.

Solange die Erde steht, soll nicht aufhören Saat und Ernte, Frost und Hitze, Sommer und Winter, Tag und Nacht.

Echter Anfang! Das ist die Zusage, die uns Menschen Leben ermöglicht, Leben trotz des Schreckens, den wir auf Erde immer schon angerichtet haben und immer noch anrichten. Nein, Illusionen macht sich derjenige nicht, der diese Zusage gibt. Er findet nicht das Treiben des Menschen gar nicht so schlimm; auch setzt er nicht auf die Erziehbarkeit des Menschengeschlechts. Er sagt: Das Dichten und Trachten des menschlichen Herzens ist böse von Jugend auf. Es folgt nicht: „Aber gebt euch Mühe, dann wird es schon gut werden." Nein! Es folgt das Versprechen: Ich lasse Euch leben!

Wo ich für mich bin, kann ich nur verlieren. Da, wo meine Sicht alles entscheidet, habe ich ausgespielt. Das Neue, das Ungeheuerliche der Bibel aber ist: Wo ich am Ende bin, ausgespielt, abgedankt, da werde ich angeredet. Da sagt Einer zu mir: Du lebst, und Du sollst leben bleiben. Du sollst haben, was Du brauchst. Er sagt: Ich mache mir nichts vor, was Dich angeht. Böse sind Deine Gedanken und Wünsche, solange Du lebst. Du wirst nie zum Erschaffer meines Friedens taugen. Immer wirst Du den eigenen Vorteil im Sinn haben, und gerade so wirst Du verfehlen, was Dir wirklich guttut. Du wirst manchmal ehrliche und gute Regungen haben. Aber damit wirst Du Dein Leben nicht umkrempeln. Wo Du, Mensch, das Sagen hast, da gibt es Aufs und Abs, gute und schwere Zeiten, aber bestimmt keinen echten Fortschritt. Du bringst das Wahre und Gute und Richtige nicht auf die Welt. Wohl, in manchen Stunden wirst Du daran leiden, wirst Dir wünschen, Du wärest gut und brächtest das Dauerhafte zustande. Doch gib Dich zufrieden. Nicht Du musst es schaffen. Es ist meine Welt, Du bist Gast darauf. Einem Gast sieht man allerhand nach.

So kann ein Mensch in den neuen Morgen aufbrechen. Reichlich Erfahrung im Gepäck, befreit von süßen Illusionen, gestärkt mit der Zusage, die Halt unter den Füßen gibt. Das Paradies ist es nicht mehr, wohin Noah mit seiner Familie aufbricht. Es ist unsere Erde: Ein Ort enttäuschter Hoffnungen, Schauplatz zerstörter Lebensläufe, Bühne für Lug und Trug. Ein Ort, der Arbeit fordert, wenn er Nahrung geben soll. Ein Ort, an dem mehr zu Bruch geht, als heil wird.

Nicht das Paradies, aber ein Ort, zu dem etwas gesagt ist: Solange die Erde steht, soll nicht aufhören, was sie zum Leben braucht. Nicht mutterseelenallein sind wir auf diesem Planeten im riesigen Universum. Einer sieht uns. Einer trägt uns auf diesem Erdboden durch die Zeit. Ihm ist nicht egal, wie ich hier meine Zeit verbringe. Er will, dass ich nach seinem guten Gebot lebe. Er will, dass ich Menschen zum Leben ermutige, dass ich Hoffnung verbreite, das Recht stärke. Genau Du mit Deiner Enttäuschung, Du mit der Frage, warum Du diese Nacht vor Bitterkeit nicht schlafen konntest, Du mit der Sorge um das kranke Kind, um den arbeitslosen Mann – Du kommst vor in Gottes Gedanken. Was die Erde zum Leben braucht: Vom *ihm* kommt es, solange wir auf Erden Menschen sind.

Soviel Aufbruch war nie: Kein falsches Freudengeschrei, kein schöner Traum vom Einzug ins Schlaraffenland. Es geht um diese Erde mit ihren vielen Problemen, die, bei Licht besehen, alle darauf zurückgehen, dass das Dichten und Trachten des menschlichen Herzens böse ist von Jugend auf. Genau diese unsere Erde ist und bleibt Gottes Erde. Diese Erde wird Gott nie egal sein, die kleinste Kleinigkeit nicht. Er wird selbst die im Dunkeln geweinten Tränen sehen, er wird jede verzweifelte Frage hören und in seinem treuen Herzen bergen.

Und dann ist und bleibt da ja noch das andere Wort: Es wird sein in den letzten Tagen. Einmal soll diese Zeit, deren Gesicht die Bosheit unseres Herzens spiegelt, zum Ende kommen. Dann soll das Recht unseres Gottes den Sieg feiern. Dann wird genau Dein Recht hergestellt werden. Meine Fragen an das Leben sollen dann verhandelt werden, und niemand soll mehr das Gesicht verlieren, soll niedergemacht werden, wenn der gerechte Richter spricht. Zu Werkzeugen

dieses Friedens taugen wir wahrhaftig nicht. Aber unser schrulliges und böses Herz taugt dazu, auf diesen Frieden zu hoffen. Ihr sollt mein Volk sein, und ich werde Gott-mit-Euch sein. Unser Herz darf davon leben, dass das Wort vom Frieden Gottes in der Welt ist und niemals verstummen wird. So lasst uns denn aufbrechen in den Morgen unserer Welt. Amen.
(2004)

Wer, wenn nicht wir?

Reformationstag

So halten wir dafür, dass der Mensch gerecht wird ohne des Gesetzes Werke, allein durch den Glauben.
Römer 3,28 (21-28)

Liebe Gemeinde!
Muss die Kirche sich um ihre Zukunft Sorgen machen?
Ja! Aber nur in einem einzigen Fall: Wenn sie selbst sich für zuständig hält in dieser Frage, wenn sie glaubt, ihre Zukunft stehe in *ihren* Händen, und diese Zukunft müsse mit eigener Anstrengung, mit irgendwelchen Reformprogrammen und mit viel Mühe gewonnen werden.
Wenn sie das glaubt, dann muss Kirche sich allerdings Sorgen machen.
Denn dann glaubt sie an sich selbst – und nicht an ihren Herrn.
„So halten wir nun dafür, dass der Mensch gerecht wird ohne des Gesetzes Werke, allein durch den Glauben."
Dies ist der Kernsatz der Reformation. Der Mensch wird vor Gott gerecht nicht durch eigene Werke. Der Glaube bringt in den Himmel.

Und der Glaube ist kein Werk. Den zwinge ich mir nicht ab. Den erlege ich mir nicht auf.
Den Glauben, den schenkt Gott mir. Er selbst macht, dass ich ihm vertraue. Dass ich mich darauf verlasse: Er ist bei mir, in den guten und erst recht in den schweren Zeiten, am Ende meiner Zeit – und ewig darüber hinaus.
Das ist evangelisch!
Auf Gott vertrauen und von ihm alles Gute erwarten.
Und aus diesem Vertrauen wage ich mich an die Aufgaben meines Lebens.
Gott bedingungslos für den Menschen: Bescheidener tut's das Evangelium nicht. Der Gott der frohen Botschaft, der Gott, der Martin Luther frei machte und frech genug, um den Autoritäten seiner Zeit zu trotzen, dieser Gott ist kein sauertöpfischer Erzieher. Er ist auch kein kleinlicher Händler oder Buchhalter, der am Ende meine Verdienste und meine Fehler abzählt und dann entscheidet, ob ich in den Himmel kommen darf oder ob es dazu doch nicht reicht.
Dieser Gott glüht vor Leidenschaft. Nichts treibt ihn so sehr um wie seine Liebe zu mir und zu allen seinen Geschöpfen. Am Kreuz seines Sohnes gibt er sein eigenes Leben hin, damit ich sogar im Tod nicht von ihm getrennt bin.
Der leidenschaftlich menschenfreundliche Gott ist im riesigen Kosmos der Erste und der Letzte. Und in meiner kleinen Lebensgeschichte, oft genug übel vertrackt, ist dieser Gott mit seiner Liebe genauso der Erste und der Letzte.
Das sagt das Evangelium. Um nichts Anderes geht es im christlichen Glauben. Ob ich Christ bin, entscheidet sich nicht daran, wie fleißig ich in den Kreisen der Kirchengemeinde zugange bin. Es entscheidet sich nicht daran, ob ich bestimmte Anschauungen zu Politik und Religion teile. Es entscheidet sich schon gar nicht an vor mir hergetragener Frömmigkeit. Ob ich Christ bin, entscheidet sich einzig und allein am Vertrauen auf den Gott, der in Jesus Christus bedingungslos an meiner Seite steht.
Das hat die evangelische Kirche den Leuten zu sagen. Das ist ihr einer und einziger Auftrag. Erfüllt sie ihn nicht, dann ist sie nicht Kirche. Und wenn sie das

Evangelium unter den Leuten nicht hörbar werden lässt, dann hört es auch niemand.

„Wir halten dafür“ heißt es in Luthers zwar alter, aber konkurrenzlos starker Übersetzung, stark wie sein Auftritt vor dem Reichstag zu Worms. Da stand er und konnte nicht anders. Aber: Er *stand*!

„Wir halten dafür“: Wir stehen dazu. Wir halten diesen Satz, diese Einsicht hoch und teilen sie allen anderen mit. Gott ist für uns – wer kann gegen uns sein?!

Nicht: Wir geben schüchtern zu bedenken.

Auch nicht: Wir hören erst einmal, was andere Anbieter auf dem weiten Markt der Religionen und Weltanschauungen so zu sagen haben.

Erst recht nicht: Wir verstecken das Evangelium, weil die Leute doch von Kirche gar nichts mehr wissen wollen.

Denn die Leute *wollen* etwas von Kirche wissen. Und noch mehr wollen sie wissen vom Evangelium! Vielleicht fragen die Leute sich oft, weshalb Kirche es ihnen so schwer macht, klare Aussagen zu hören, warum das Evangelium oft so verschämt gepredigt wird, als sei es nicht die Botschaft, die sich im Leben und im Sterben bewährt.

Menschen, die im Leben stehen, vom Leben gebeutelt und geschlagen werden, die sehnen sich nach dem Evangelium. Der geschiedene Familienvater, der sich die Schuld gibt, dass alles schief ging und die Kinder von ihm nichts mehr wissen wollen: Ein bisschen Paarberatung hilft ihm nicht. Aber nach langem Ringen mit dem eigenen Versagen, da geht ihm im verdüsterten Herzen womöglich das eine Lichtlein auf, das die grundlose Liebe Gottes dort anzündet. Da lässt er sich gesagt sein: Gott macht aus den Trümmern Deines Lebens einmal noch etwas Gutes, lerne Du Dich akzeptieren mit deinen Fehlern, bei Dir muss es nicht aufgehen!

Die alte Frau, die lange schon daran leidet, dass sie der Tochter ein gutes Wort verweigert hat, und es war die letzte Gelegenheit gewesen, das Gute zu sagen, sich doch noch einmal die Hand zu geben, – dieser alten Frau in ihrer Selbstanklage hilft nicht moralische Belehrung. Ihr hilft das, was vom Vater Jesu Christi her immer schon gilt und nichts weniger ist als billige Gnade und billiger Trost: Wenn unser Herz uns verklagt, dann ist Gott größer als unser Herz und erkennt alle Dinge. Befiehl ihm deine Wege – er wird's gut machen!

Das Evangelium trifft womöglich auch den verzweifelten jungen Menschen, ohne Schulabschluss, ohne Aussicht, je in dieser Gesellschaft anzukommen – und auch noch selbst schuld dran, denn die Tore der Schule standen ihm einmal offen –; auch den trifft das Evangelium womöglich in sein verzagtes, hochmütig abgekapseltes, kleinlautes Herz: Gott ist Dir gut, ja, gerade Dir, obwohl Du Dich eigentlich noch nicht einmal selbst kennen willst und lieber ganz anders wärst. Gott ist Dir gut!

Ich wünsche mir nicht, dass an meinem Sterbebett oder in der Todesanzeige meine Verdienste aufgezählt werden. Was dann tragen wird, dann den letzten, alles entscheidenden Horizont eröffnet, das ist doch: Gott hat Ja zu mir gesagt, hat versprochen, mich nicht fallen zu lassen, nie!

Unser „Wir aber halten dafür, dass der Mensch gerecht wird ohne des Gesetzes Werke, allein durch den Glauben" trägt diese Hoffnung in die Welt. Wahrlich kein Grund, schüchtern und verschämt damit umzugehen!

Dass die modernen Menschenrechte genau das biblische Bild des Menschen wiedergeben – es gereicht uns auch nicht zur Schande! Wohl wahr, die Kirchen haben sich nicht gerade als Kämpfer für Freiheit und Menschenrechte hervorgetan in der Geschichte. Aber trotzdem stammt der Gedanke der unverlierbaren persönlichen Würde und Freiheit nicht zufällig aus Europa, aus der biblisch geprägten Welt. Allein durch Gottes Gnade werde ich gerecht, niemand kann mir das nehmen, auch ich selbst nicht, so schlimm ich mich auch verhalten mag. Die modernen Menschenrechte, die jedem Menschen, auch dem Verbrecher, seine Würde zusprechen, wiederholen genau das, was Paulus an die Christen in Rom geschrieben hat. Kein Grund für uns, das nicht zu sagen, nicht vom Evangelium her offensiv für Menschenrechte einzutreten – übrigens auch kritisch dort zu sein, wo im Namen von Religion Menschenrechte verletzt werden.

Predigten wir das Evangelium nicht, äugten wir besorgt danach, was vielleicht gerade Mode sein könnte – wir müssten uns um die Kirche Sorgen machen. Allerdings: Dann würde die Kirche auch von niemandem vermisst, denn sie sagte ja nichts, was sich zu hören lohnte.

Das Evangelium aber *ist* hörenswert.

Und es wird seinen Weg finden.

Es stimmt ja schon: Unser Geld wird knapp und knapper. Die Zahlen der Taufen und der Konfirmationen sinken. Statistisch gemessen, steht es um uns als Kirche nicht gut. Und wir kommen nicht drum herum, uns zu überlegen, wie wir mit den übrig gebliebenen Mitteln sparsam und wirkungsvoll umgehen.

Nur: Die Kirche werden wir damit nicht erhalten! Und an unserem organisatorischen Missgeschick, am verkehrten Umgang mit Geld, wird Kirche auch nicht zu Grunde gehen.

Kirche ist dort, wo das Evangelium gepredigt und gehört wird. Dort, wo ein Menschenherz in seiner Sorge und seinem Kummer angesprochen wird und leben kann durch die Zusage Gottes. Kirche ist, wo Menschen auf diesen Gott vertrauen und sich an ihr Leben wagen. Wo sie im Kleinen so großzügig werden – mit anderen Menschen und mit sich selbst –, wie Gott großzügig ist. Da ist Kirche! Kirche braucht Menschen, die das Evangelium hören und es weitergeben, die sich auch nicht scheuen, dabei anzuecken. Das Evangelium wird sich seine Hörer schaffen, selbst dort, wo wir vielleicht verzweifeln mögen über fehlende Resonanz. Martin Luther schrieb: „Wir sind es doch nicht, die da die Kirche erhalten könnten. Unsere Vorfahren sind es auch nicht gewesen. Unsere Nachfahren werden's auch nicht sein; sondern der ist's gewesen, ist's noch und wird's sein, der da sagt: Ich bin bei euch alle Tage bis an das Ende der Welt."

Wenn wir das Evangelium nicht predigen, dann predigt es niemand. Das Evangelium vom bedingungslos gnädigen Gott ist einmalig auf dem weiten Markt der

Religionen und Weltanschauungen. Wer innerhalb der Kirche so tut, als wäre da alles irgendwie ähnlich, der verfehlt und verrät unseren Auftrag. Gegenüber Christen in Ländern wie der Türkei, wo das Christsein alltäglich etwas kostet und Christen die höchst realen Unterschiede schon spüren, ist das Gerede von der großen Ähnlichkeit der Religionen überdies schäbig und rücksichtslos. Es *macht* einen Unterschied, ob Menschen sich auf den leidenschaftlich liebenden Gott Israels, den Vater Jesu Christi, verlassen – oder ob sie dem lieblosen Gericht eines Despoten entgegen sehen, der nur die Braven belohnt und die Ungehorsamen abstraft. Als Christ gehe ich, so krumm mein Lebensweg auch immer war, aufrecht dem Jüngsten Gericht entgegen. Denn als Richter erwarte ich genau den, der sich aus Liebe am Kreuz für mich dahingegeben hat.

Das sollte nichts Großes, Besonderes, Mitteilenswertes sein? Diese Botschaft sollte es nötig haben, wie sauer Bier mit Marketingkonzepten angepriesen zu werden? Nie und nimmer! Diese Botschaft zu predigen, das ist unser Dienst. Und sie wird ihren Weg nehmen; das ist unser Vertrauen.

Wo das Evangelium gepredigt wird, wo Menschen dafür halten, dass der Mensch gerecht wird allein aus der Gnade Gottes, da wirkt das Wort. Aus seiner eigenen Kraft. Vielleicht im Verborgenen. Vielleicht so, wie es wir es nie für möglich hielten. Bestimmt aber zum Guten. Amen.

(2010)

Gezählte Tage

Ewigkeitssonntag

Wir warten auf einen neuen Himmel und eine neue Erde nach seiner Verheißung, in denen Gerechtigkeit wohnt.
2. Petrus 3,13 (8-13)

Liebe Gemeinde!
Komm, Herr Jesus! So endet das Neue Testament. Und mit dieser Bitte, mit diesem Ruf soll auch dieses Kirchenjahr enden.
Komm, Herr Jesus! Anders als das Jahr der Natur folgt im Kirchenjahr nicht ganz selbstverständlich auf den Sommer der Herbst, auf den Herbst der Winter, auf den Winter wieder der Frühling und der Sommer.
Die Natur verliert nichts. Es gibt einen geschlossenen Kreis von Vergehen und Werden, von Aufblühen und Verwelken. Was zu Grunde geht, das wird aufbewahrt und aufbereitet für eine neue Pflanze, für ein anderes Lebewesen. Die Natur ist genügsam. Ihr genügt es, dass das Alte in neu erblühter Gestalt wiederkommt. Es kommt wieder, und es ist ganz klar, dass es doch nach wenigen Wochen und Monaten wieder vergangen sein wird. Das bereitet keinen Kummer, das ist eben so.
Das Jahr der Kirche ist kein geschlossener Kreis. Und es ist erst recht nicht genügsam. Es hat an sich selbst nicht genug. Denn die Kirche hat an sich selbst nicht genug. Wäre die Kirche ein ewiger Kreislauf von Festtagen, eine Wiederholung von Taufen, Konfirmationen, Hochzeiten und Beerdigungen – sie wäre arm dran. Auf Weihnachten folgte immer wieder die Passions- und die Osterzeit, und im Herbst bereitete man sich nur wieder auf den nächsten Advent vor. Ein Jahr wäre wie das andere, die Menschen würden bald das Zählen der Jahre

aufgeben. Wozu soll man Zeit messen, der Zeit eine bestimmte Zahl, gewissermaßen einen Namen geben, wenn eigentlich doch alles gleich bleibt?
Aber wir zählen die Jahre, und das hat seinen Sinn. Das liegt an eben diesem: Komm, Herr Jesus!
Das „Komm, Herr Jesus!“ streckt uns aus auf das Neue hin. Da wird nach vorne geblickt, dahin, wo noch niemand war. Aus der Krümmung des Kreises wird eine Gerade. Da weiß man auch, dass man nicht aus einer ewig gleichen Wiederholung herkommt, sondern dass es einen bestimmten Anfang gegeben hat. Da ist ein bestimmter Wille am Werk gewesen. Da hat einer gesagt: So soll es sein!
Und dieser, der gesprochen hat „So soll es sein“, der verspricht auch, dass einmal alles neu sein soll. Er hat nicht nur Himmel und Erde ins Dasein gerufen, sondern er will Himmel und Erde auch vollenden. „Gerechtigkeit“ ist dabei das Stichwort. Und das heißt ja wohl, dass ihm nicht egal ist, was in der Zeit geschieht zwischen dem „Es werde“ und dem „Siehe, ich mache alles neu“.
Eine lange Zeit ist das, ich bin versucht zu sagen: Verdammt lang. Es kann einem schon vorkommen, als sei die Zeit ein endloses Gefängnis, ein sinnloser Kreislauf. Was geworden ist, vergeht. Es vergeht oft so schnell und für unsere Augen so bedeutungslos. Ein junges Mädchen, aus Russland in unsere so reiche, so freie und so kalte Welt gekommen, endet auf dem Bahnhofsklo. Kinder sterben an Krankheiten, die vielleicht nicht mehr tödlich sein müssten, wenn Menschen mehr Einsatz auf friedliche Forschung verwenden würden statt auf militärische Rüstung. Der freie Irrsinn auf unsern Straßen kostet auch dieses Jahr wieder viele tausend Menschen das Leben.
Die Zeit, ein endloses Gefängnis. Der Tod, die endgültige Wirklichkeit unserer Welt. Auch da, wo ein Mensch alt sterben durfte und – wie man so schön biblisch sagt – lebenssatt, auch da klaffen Löcher, die nicht leicht wieder zuwachsen. Da tritt an die Stelle von Trost und wirklicher Hoffnung traurige Gewöh-

nung. Da fügt man sich eben dahinein, wo es keinen wirklichen Ausweg zu geben scheint.
Wie verdammt lang und gefährlich jene Zeit zwischen Anfang und Ziel ist, sehen wir nicht zuletzt an der Kirche. Wenn sie Kirche ist, dann ist sie nicht genügsam an sich selber. Dann weiß sie, dann lebt sie daraus, dass sie zu einem Ziel unterwegs ist. Dann wird sie ihren Herrn, der ihr Grund und ihr Ziel ist, von sich selbst immer unterscheiden können. Wenn sie wirklich Kirche ist, dann ist sie nicht sich selber interessant. Dann zählt nicht, wie stabil die Gruppen und Kreise sind. Dann kann man Machtspielchen, wer sich wohl geschickt mit wem verbündet, unterlassen. Kirche, die die verdammt lange Zeit aushält und Kirche bleibt, wird den im Blick behalten, der da kommt. Sie wird ihn den Menschen ankündigen und sagen: Bei dem wird alles gut sein. Bei dem findet das Leben den Sinn, den Erfolg und Reichtum und Spaß und Schönheit nicht geben können. „Ich bin bei euch", sagt der. Ich gebe euch das Leben, nach dem ihr euch ausstreckt und abmüht.
Der Kreislauf der Jahre ist nicht ewig, auch wenn es so scheint. Der Kreislauf der Jahre hat einen Anfang, und er hat ein Ziel. Dazwischen liegt das, was wir zählen. Das dritte Tausend haben wir gerade angefangen seit der Geburt jenes einen. Und trotz allem: Es hat Sinn, die Jahre zu zählen. Denn es kommt, der den neuen Himmel und die neue Erde bringt, in denen Gerechtigkeit wohnt. Es kommt, der die traurige Gewöhnung aufbricht und echten Trost spendet. Es kommt, der die vielen sinnlosen Tode auf sich nimmt, der dem namenlosen Leid der Zeit seinen Namen gibt. Es hat Sinn, von ihm her zu zählen: Seit Christi Geburt. Es ist nämlich dieses Zählen von ihm her das Zählen zu ihm hin. Und in ihm wird alles gezählt sein, was wir Menschen erlebt haben. Nichts ist da verschütt' gegangen im Meer der Wiederholung. Er wiederholt nicht. Aber er holt wieder hervor, was Schmerz und Angst und Trauer gewesen ist. Keine Frage: „Gott, wo bist Du?" wird ungehört bleiben. Keine Träne der Angst und der Verzweiflung wird unbemerkt sein, wenn er da ist.

Zwischen Zählen und Rechnen freilich ist ein Unterschied. Rechnen ist nicht angesagt. Weder ist zu errechnen, wann es soweit ist, noch ist zu errechnen, wie groß Gottes Güte und Gnade am Ende sein wird. Niemand kann festlegen, wer zum Volk der Erlösten zählt, dann, wenn es soweit ist. Niemand darf da nach unsern Maßstäben ausgeschlossen werden – und niemand möge sich selbst vor anderen Menschen als einen hinstellen, der sicher drin ist. Aber eins ist sicher: Gottes Gnade ist größer, als wir es uns je vorstellen können. Das sehen wir daran, dass dieser Gott selbst Mensch wurde, dass er das Leben eines Verachteten führte, dass er am Kreuz starb. Für uns ist er gestorben, den Tod des Sünders, damit kein Sünder im Tod allein bleibt. Im Tod, im grausigen Schlund am Rand der Zeit, bleibst Du in Gottes treuer Hand. Sogar jedes deiner Haare hat er gezählt, die Zahl deiner Tage weiß er voraus, er allein. Das ist sicher. Und das genügt, um die Zeit zu bestehen.

Er wird kommen, und dann werden die Himmel zergehen mit großem Krachen. Dann wird aufgedeckt, was jedes Menschenherz gefühlt und erstrebt hat in der Zeit. Niemand gehe diesem Tag leichtfertig entgegen. Wer aber im scheinbaren Kreislauf der Jahre nicht vergisst, dass Zeit gezählt ist, der ist auf jenen Tag vorbereitet. Dann zählt nämlich nicht, ob Dir alles gelungen ist, ob Du ein Erfolgstyp warst und allseits beliebt. Dann zählt, dass einer da ist, auf den Du hoffst. Einer, der für Dich eintritt. Von dem her ist die Zeit gezählt – und zu dem hin ist sie gezählt. Darum ist unsere Zeit kein sinnloser Kreislauf.

Komm, Herr Jesus! Amen.

(2002)

Menschen Gottes

David, König Israels

Eigensinnig berufen

Ein Mensch sieht, was vor Augen ist. Der Herr aber sieht das Herz an.
1. Samuel 16,7 (1-13)

Liebe Gemeinde!
In Israel König zu sein, ist ein hartes Los. Wohl daran liegt es, dass das Königtum bei den alten Juden eine recht junge Erscheinung ist. Lange kommt das Volk der zwölf Stämme, die unter Moses Führung aus Ägypten befreit wurden, ohne einen König aus. Israel regiert sich selbst, und wenn von außen Gefahr droht, wenn Nachbarvölker zum Angriff blasen, dann findet sich schon ein charismatischer Anführer, der die Sache richtet. „Richter" nannte man so einen. Simsom, Jephta, Gideon – solche schrägen Vögel wurden im alten Israel zu Richtern. Sie erfüllten ihre bestimmte Aufgabe, und dann traten sie wieder als Gleiche unter Gleichen in die Reihen der zwölf Stämme zurück.
Israel hatte lange keinen König. Doch regierte es sich selbst?
Nein, Israel wurde regiert – und wie! Israel hatte sehr wohl einen König, einen ganz einmaligen. Den, der gesagt hatte: „Ich bin, der ich bin!" Den, der die Sklaven herausgeführt hatte mit starker Hand und ausgestrecktem Arm. Den, der weder Thron noch Palast brauchte, um herrlich zu sein auf der Erde. Ein Volk, das diesen König hat, braucht keinen gekrönten Menschen, um von ihm regiert zu werden.

Braucht es ihn nicht? Kommt ein Volk auf Dauer aus ohne Krone, ohne Purpur, ohne Kutsche und Sänfte, ohne Ehrenspalier, ohne Königshochzeiten? Das alles sahen die Israeliten bei ihren Nachbarn. Und sie wurden neidisch. Vielleicht nicht gerade auf die Steuergelder, die so ein Königshof verschlingt. Vielleicht auch nicht auf die Machtallüren der gekrönten Herrscher. Wohl aber auf den sichtbaren Prunk, auf die Ablenkung vom grauen Arbeitsalltag, die so eine bunte Fürstenhochzeit bietet bis auf den heutigen Tag. So begehrten die Israeliten einen König: „Wir wollen auch haben, was bei allen Völkern sonst Brauch ist.“ Gewarnt waren sie. Samuel eröffnete ihnen, was so ein König nach Art der Pharaonen tagein tagaus ins Leben bringen würde: Frondienst, ausufernde Militärdienstpflichten, Enteignung von privatem Besitz für die Prunkbauten des Herrschers, Steuerlasten ohne Ende. Überlegt euch gut, ob ihr das wollt, schalt Samuel das Volk. Doch das Volk wollte. Samuel rief zum Herrn, und der resignierte: „Gib dem Begehren des Volkes nach. Denn mich, der ich sie befreit habe aus der Hand des Pharao, mich haben sie verworfen. So geschehe es denn!“

So bekommt Israel einen König, so, wie andere Völker Könige haben.

Unter diesen Umständen König zu sein, macht keinen Spaß. Denn natürlich bleibt der ganz Andere der wahre König Israels. Saul, der erste gekrönte König Israels, konnte nicht herrschen, wie er wollte – falls er das denn gewollt hätte. Unumschränkte Macht wie der ägyptische Pharao wird ein König Israels niemals bekommen. Er wird sich an Regeln halten müssen, an Regeln, die allen Menschen gelten und guttun.

Der erste König Israels scheitert. Saul ist kein unsympathischer Mensch. Er ist einer, der Mitleid auf sich zieht. Einer, der sich selbst in Schwermut das Leben bitter macht. Ihm wurde das Königsein in Israel zum besonders schweren Los.

David, der zweite Versuch, kommt anders daher. Er ist gewitzt und munter. Das zeigt seine Begegnung mit Goliath, dem Kampfmonster der Philister. Kraft hat David nicht im Übermaß, aber Köpfchen.

Köpfchen zeigt sich, wenn's drauf ankommt. Gesehen wird das vorher allermeist nicht von den anderen Leuten. Die sehen auf Schönheit und Stärke. Die bleiben am äußeren Schein haften. Der Herr aber sieht auf das Herz. Und *er* wählt, wer König sein soll, kein Mensch. Das ist besonders in Israel.

Welcher Unterschied besteht zwischen dem Wählen der Menschen und dem Wählen Gottes, zeigt die Geschichte von Samuels Besuch bei Isai. Isai stellt dem Gast seine Söhne einen nach dem anderen vor. Und jedes Mal ist Samuel beeindruckt: Eliab ist stark und schön, Abinadab glänzt gleichfalls mit Kraft und Charme. Auch Samma und vier weitere Brüder würden bei Samuel schon ankommen als Thronanwärter. Gott aber winkt ab: Den will er nicht. Mit dem würden Menschen Geschichte machen wollen, Gott sucht sich einen anderen König für sein Volk. Denn Israel braucht keinen starken, klugen und mächtigen Herrscher, sondern einen, der Gott zusagt. Und dann darf er ruhig enttäuschend sein in Menschenaugen. So sprach der Herr, der Gebieter der himmlischen Heerscharen. Sprach's – und erwählte sich den Jüngsten und Schwächsten zum König, den, dem keiner etwas zugetraut hätte.

Eigensinnig ist Gott. Was in unseren Augen verkehrt ist, ist ihm gerade recht. Eigensinnig ist er, beratungsresistent, wenn er ausgerechnet mit David seine Geschichte machen will. Eigensinnig ist er, wenn er sich die Juden als sein besonderes Volk erwählt – und nicht die machterprobten Römer, die schlauen Griechen, die tüchtigen Ägypter. Eigensinnig ist Gott, verschlossen gegen das gerechte Urteil der Moral, wenn er mit uns Menschen Geschichte machen will – und nicht mit solchen Geschöpfen, die dankbar sind und geeignet zum Frieden auf diesem Planeten. Eigensinnig ist Gott, wenn er mich zu seinem Kind haben will – trotz all der Dinge, die bei mir nicht stimmen und die andere Leute mit nur zu gutem Recht an mir kritisieren. Doch so ist Gott – mit uns friedlosen und undankbaren Menschen geht er durch die Zeit, Israel hält er die Treue, David soll sein König sein. Vernünftige Gründe braucht er dafür nicht. Es genügt, dass Gott eben Gott ist und dass er liebt: Den David, sein Volk Israel, uns Menschen, mich und Dich. Hätte Gott auf vernünftige Berater gehört, wäre er dem Urteil der Moral gefolgt, dann hätte er sich nicht für David entschieden, dann wären die Juden nicht sein einmaliges Volk geworden, dann wollte er von uns Menschen insgesamt wohl nichts mehr wissen, und für Dich und für mich säh's zappenduster aus. Gott sei Dank – *er* ist nicht vernünftig, sondern frei in seinem Wählen, höher als alle Vernunft!

Gott ist so frei, unserem Urteil nicht zu folgen. Und daraus leben wir. Zunächst einmal beginnt damit aber für David eine spannende Geschichte.

David kommt an Sauls Hof. Noch ist Saul König in Israel, auch wenn er längst weiß, dass Gott seinen Vertrag nicht verlängert. Das macht Saul zum schwierigen Chef. David vertreibt dem Schwermütigen mit Musik die schlechte Laune. Saul gewinnt ihn lieb dafür.

Doch des Menschen Herz ist nicht geradlinig. Saul weiß genau, dass David, der sein Nachfolger werden soll, nichts dafür kann, dass er, Saul, bei Gott in Ungnade gefallen ist. Saul müsste dankbar sein für die Aufmunterung, die der nette Junge ihm bringt. Ja, er hat ihn lieb gewonnen. Und doch hasst er ihn. Er neidet ihm die Jugend, neidet ihm die bewundernden Blicke der Frauen am Hof, neidet ihm die leicht gewonnenen Freundschaften. Saul fällt nichts dergleichen zu.

Noch ist es ein leichtes Los für David, am Hof zu sein. Er ist beliebt. Sein Köpfchen wird bewundert bei den Leuten, spätestens seit er den Goliath flachgelegt hat.

Doch ist die Trübsal allgegenwärtig. Saul ist nicht böse, weil er böse sein will. Saul selbst leidet am meisten unter der Eifersucht, unter der Schwermut.

Dass auch Könige Menschen sind, lehrt die biblische Geschichte. Wer im Volk Gottes eine herausgehobene Rolle spielen will, der wird erst recht auf sein Menschsein zurückgeworfen. Da wird der Prominente ganz und gar zum Normal-Sterblichen. Niemand weiß genauer um die eigene Sterblichkeit als Saul, der erste König Israels. Und David wird genauso erfahren müssen, wie ungesichert und gefährdet er ist als Mensch.

Aber Gott macht eben mit Menschen Geschichte. Er verlangt nicht, dass das Böse, das Abgründige, das Dunkle verschwiegen wird.
Gott ist das Licht über Israel. Er macht hell, was bei uns düster ist. Und dann wird es wirklich hell. Dazu braucht es nicht den künstlichen Glanz einer Fürstenhochzeit. Dazu wird niemand in der goldgeschmückten Sänfte hereingetragen. Nein, dazu reicht die schlichte Wahrheit allein: Ich bin der Herr, Dein Gott. Darum müssen selbst Königsgeschichten nicht kitschig überstrahlt sein – so wenig wie meine Geschichte es sein muss.
Niemand richte über Saul, den Schwermütigen, den seine Schwermut zur Plage derer werden lässt, die ihn kennen. Auch der muntere David wird seine dunklen Seiten zeigen. Auch er wird schuldig werden an Menschen, die ihm gut wollten. Doch niemand werfe später dem David vor, was er mit Bathseba und Uria anstellen wird – wer hier meint, mit dem Finger zeigen und verurteilen zu sollen, der gedenke zuerst der Leichen im eigenen Keller. Niemand stopfe Menschen in Schubladen. Man klemmt sich dabei nur die eigenen Finger ein.
Gott macht mit diesen Menschen Geschichte. Im ganz echten Leben, wo es Neid und Eifersucht gibt, Vorurteile und Berechnung, wo aber einmal wenigstens auch echte Freundschaft gelebt wird, da mischt sich Gott in unser Leben ein.
Gott sieht nicht auf das, worauf der Mensch sieht. Unsere Schubladen, ohne die wir ja doch nicht auskommen, sind ihm gleichgültig. Der äußere Schein berührt ihn nicht. Es könnte sein, dass da der übelste Schuft und der letzte Versager mehr zu bieten haben als ein allseits beliebter Erfolgsmensch.
Gott sieht das Herz an. Was niemand sonst sehen kann: Die tiefsten Gründe, warum ich dieses tue oder jenes lasse, warum etwas mir Lust ist und anderes Last, das weiß Gott allein. Und er nimmt mein Herz an und macht es ruhig und froh.
Das ist der Trost, der von dieser Geschichte ausgeht, in der ein König bestimmt wird. Da wird nicht der strahlende Held auf den verdienten Thron gesetzt, sondern der Schwächste. Und da wird auch nicht der arme Bauernbub aus dem Märchen zum Märchenkönig gemacht, dem alles glückt. David wird als König

ein Mensch mit guten und mit sehr vielen schlechten Seiten sein. Da wird nicht einfach glücklich gelebt bis ans Ende der Tage. Nein, da wird gelitten und geflucht und gezittert und gebangt. Über allem steht aber dies: Dass Gott der König seines Volkes ist, voller Eigensinn. Und aus diesem göttlichen Eigensinn leben wir alle. Darum lasst uns die Geschichte vom König David weiter betrachten, denn es ist die Geschichte des Lebens und der Liebe. Amen.

Freunde

Da verband sich das Herz Jonathans mit dem Herzen Davids.

1. Samuel 18,1-4; 19,1-7

Liebe Gemeinde!

Die wahre Freundschaft erkennt man nicht an ihrer Stärke, sondern an ihrer Dauer, hat ein kluger Mensch einmal geschrieben. Stimmt das? Ist nur der ein wahrer Freund, der vom Sandkasten bis ins Altersheim immer mal wieder neben mir auftaucht? Ist nur der Freund, der mir nicht zu nahe kommt und es womöglich deshalb lange mit mir aushält?

Kann nicht auch der ein Freund sein, ein wirklicher Freund, der es einmal zeigt, der mir einmal das tut, was mir guttut, mit dem ich vorher und nachher aber vielleicht nicht viel zu schaffen habe?

Die Bibel erzählt von einer Freundschaft, die kurz ist und unter einem düsteren Stern steht. Dort aber bewährt sie sich, wie wohl nur wenige Beziehungen unter Menschen sich bewähren.

Da handelt einer gegen seine eigenen Interessen, da verrät einer sogar den eigenen Vater – weil ein anderer Mensch sein Freund ist. Größer und wahrer kann Freundschaft doch wohl nicht sein.

Es geht um David, den Gott lange zuvor zum künftigen König von Israel hat salben lassen. Und es geht um Jonathan, Sohn des amtierenden Königs Saul. Saul wusste, dass Gott ihn verworfen hatte und David zum Nachfolger bestimmt. Und doch klammert er sich an die Macht, für sich und für Jonathan, den Erben. David muss weg!

Jonathan hätte, mit den Augen der Vernunft gesehen, jeden Grund, den Plan seines Vaters gegen David zu unterstützen. Der Thronfolger wäre im Normalfall ja er. Saul, der immer noch König von Israel ist, fasst in mehreren Anläufen den Plan, seinen Höfling David, der sein Nachfolger werden soll, zu beseitigen. Das ist in der Perspektive der Macht eine nachvollziehbare Entscheidung. Und Jonathan ist der Begünstigte dieses Planes. Also müsste Jonathan, wollte er der Logik der Macht folgen und seine vernünftigen Interessen wahren, selbst darauf dringen, David loszuwerden. Jonathans jüngerer Bruder wird später mit aller Gewalt gegen David kämpfen und versuchen, das Königtum beim Hause Sauls zu erhalten. Das ist normal und verdient keinen Vorwurf. Doch Jonathan übt Verrat, am Vater, am Königtum des Hauses Saul, eigentlich an sich selbst.

Was Jonathan tut, ist nicht normal. In Jonathan wächst ein Mensch über sich hinaus, über seine eigenen Interessen, über seine Treuepflicht zum Vater, über das, was man eben so tut. Jonathan genießt das Vertrauen seines Vaters Saul. Der schwermütige König lässt den Sohn wissen, dass er David, den beliebten Höfling, den, der auch bei Gott mehr Wohlwollen genießt, beseitigen will. Saul will David nicht nur aus Überlegung beseitigen, er muss es tun, um seine Eifersucht zu dämpfen, um endlich wenigstens wieder eine Nacht schlafen zu können, um sich zu beweisen, dass er zum König die nötige Härte besitzt. David muss verschwinden, so wahr Saul der König Israels ist.

Jonathan ergreift offen Partei für den Freund. Heimtückisch ist er nicht gegenüber dem Vater: „Versündige dich nicht, David hat dir doch nichts Böses getan. Im Gegenteil: Er hat dir Gutes erwiesen.“

Aber das nützt nichts, weil gutes Zureden eben kein Mittel ist gegen Schwermut und Eifersucht. Als Sauls Mordpläne immer deutlicher Gestalt annehmen, kann Jonathan nicht anders, als den Vater an den Freund zu verraten. Er teilt David mit, wo er sich wann besser nicht aufhält. Das rettet David das Leben. Das lässt David Jahre später zum König Israels werden.

Die beiden Freunde sehen sich danach nicht wieder, denn David flieht aus Sauls Machtbereich. Erkennt man die Freundschaft wirklich an ihrer Dauer?

Für Jonathan gibt es Wichtigeres als die eigene Karriere. Saul hat ja recht, wenn er seinem Sohn vorhält: Solange David da ist, kannst du nicht mein Nachfolger werden. Da ist dieser Mensch, der ihm die berufliche Zukunft verbaut, der ihm aber das Leben hell und gut macht. Er hat ihn lieb wie sein eigenes Leben. Und was soll das Königtum schon sein, wenn das eigene Leben dafür dran glauben müsste?

Nein, dass Jonathan groß darüber nachgedacht hätte, dass das Königtum in Israel nur ein Königtum zweiter Ordnung ist, weil Gott der eigentliche König Israels war und blieb, davon sollten wir nicht ausgehen. Er hat den Thron nicht gering geachtet, weil der israelitische Thron neben dem Thron Ägyptens mickrig war. Es ging ihm um David. Ohne David wäre Jonathans Leben nichts gewesen. Jonathan opfert ein Königreich für einen Menschen – für den Freund, den er liebhat wie das eigene Leben.

Fast schlüpfrig wird beschrieben, wie es knistert zwischen David und Jonathan, dem Sohn des zum Mord entschlossenen Königs. Die Mehrzahl der heutigen Bibelausleger ist der Ansicht, dass diese Freundschaft schon etwas von männlich-erotischer Anziehung kannte. David, inzwischen längst verheiratet, wird Jonathan, als der im Kampf umgekommen ist, nachweinen: „Deine Liebe war mir köstlicher als Frauenliebe.“

Stellen wir die Freundschaft zwischen David und Jonathan einmal in den größeren Rahmen der Geschichte Gottes mit seinem Volk: Es geht nicht um irgendwen. Es geht um David, der als Herrscher Israels legendär werden sollte, um den, der von Gott die Verheißung bekommt: Aus deinem Haus soll einmal der gerechte Herrscher über die ganze Erde kommen. Und aus dem Hause und Geschlechte Davids kam dann ja auch der, der Menschen aus allen Völkern zum Gott Israels gebracht hat. Ohne König David säßen wir Heidenchristen jetzt nicht zusammen, um über biblische Geschichte nachzudenken. Und dass genau dieser David vor Sauls Nachstellungen gerettet wird, ist das Werk seines Männerfreundes Jonathan. Wer darauf herumreitet, irgendwo stehe geschrieben, Mann und Mann dürften miteinander nichts haben, der möge hier doch bitteschön zur Kenntnis nehmen, welcher Mittel Gott sich bedient, um seinen Erwählten zu beschützen. Wie ist der Gott Israels großherzig! Ich liebe das Alte Testament besonders dafür, dass es unsere Vorstellungen von dem, was sich gehört und was nicht, so frei hinter sich lässt und Räume für das Leben schafft.

Wer biblisch denken lernt, kippt erst einmal die eigene enge Moral über Bord. Und das tut in den allermeisten Fällen gut. Gott, der das Leben selbst ist, hat es nämlich nicht nötig, Leben einzuengen und Menschen zu bedrücken.

Lange dauert die Freundschaft zwischen David und Jonathan nicht. Vielleicht muss das bei einer Freundschaft unter den Bedingungen von Leben und Tod auch so sein; lebenslang können Menschen nicht über sich hinauswachsen. Einmal aber hat sich diese Freundschaft bewährt. Einmal hat ein Mensch auf die eigene Karriere, auf den Thron Israels verzichtet, weil ihm ein anderer Mensch unendlich lieb war. Und das hat in der Geschichte des Volkes Gottes Spuren hinterlassen. Ohne Jonathans Freundschaft, die der schwermütigen Mordsucht des Saul in den Arm fiel, hätte es keinen König David gegeben. Ohne Jonathans Freundschaft gäbe es weder die Erinnerung an ein prächtiges Großreich Israel noch so viele Psalmen, die uns heute noch Trost und Hoffnung geben. Ohne Jonathans Freundschaft hätte jener Andere nicht aus dem Hause und Geschlechte Davids kommen können. Wer ein Menschenleben rettet, rettet die ganze Welt, sagt der Talmud. Und Gott ist nicht so eng, dass es da nicht auch zwischen Mann und Mann etwas enger werden dürfte.

David flieht vor Saul Nachstellungen. Wo immer Saul erfährt, dass David Unterstützung bekommen hat, nimmt er grausam Rache. Nichts lässt Saul unversucht, um sein Königtum zu sichern. Einmal kommen sich David und Saul ganz nahe. Das geschieht in einer Höhle in der Oase En-Gedi oberhalb des Toten Meeres. David hatte sich in der Höhle vor Saul und dessen Soldaten versteckt. Saul wählt nun ausgerechnet diese Höhle, um sich zu einem grundmenschlichen Geschäft zurückzuziehen. Das Erleichterung Schaffende, wofür auch der König den Thron verlässt, duldet nun einmal keine Zuschauer. Die Bibel umschreibt Sauls Geschäftsgang vornehm mit: „Sich die Füße bedecken".

Als nun Saul in der Höhle über seinen bedeckten Füßen thront, schleicht sich David aus dem Inneren des Raumes an. Leicht hätte er den König von hinten erstechen können. Das tut er nicht. Er schneidet vielmehr vom königlichen Gewand einen Zipfel ab, zum Zeichen, wie nahe er seinem gefährlichen Widersacher gekommen ist.

David lässt Saul sein Geschäft verrichten, doch als der wieder vor der Höhle steht, ruft er ihm zu: Warum glaubst du, David wolle dir böse? Sieh her, was ich dir hätte tun können, wenn ich es böse meinte! Ich werde an den König Israels, der ein Erwählter Gottes ist, niemals Hand anlegen.

So hat David dem Saul, der ihm besessen nach dem Leben trachtete, Großmut erwiesen. Er hat darauf verzichtet, physische Macht auszuüben und Blut zu vergießen. Großmut schafft aber auch Macht. Jetzt nämlich steht Saul in Davids Schuld. Großmut beschämt. Das taugt zur politischen Waffe. David hat sich sein kluges Köpfchen bewahrt, das ihn schon dem Monster Goliath überlegen machte. Großes darf von diesem künftigen König Israels erwartet werden!

Jahre später: David beweint das Ende Jonathans – und das Ende Sauls. Beide fallen im Kampf gegen die Amalekiter. David beweist seinen Respekt vor dem ersten König Israels; der war ein Erwählter Gottes, möge er noch so schwermütig, jähzornig und brutal gewesen sein. Dass Gott Saul erwählt hatte, zählt mehr

als sein schwieriger Charakter, mehr als die Schwierigkeiten, die er anderen Menschen bereitete.
Der Mensch sieht den äußeren Schein, Gott aber sieht tiefer.
Mögen wir die Nase rümpfen über die schlüpfrige Beziehung zwischen Jonathan und David, mögen wir Saul verwerfen seiner Aggression und Unbeherrschtheit wegen: Alles das behält in Gottes Geschichte seinen Platz. Der Platz vor Gott hängt nicht von unserem Wohlwollen ab. Nichts Menschliches ist Gott fremd. Weiter ist er in seinem Herzen als unsere Moral, die so gern Grenzen zieht, die das Leben so gern in gerade Kanäle zwingt. Bei Gott ist zwei und zwei auch mal nur dreieinhalb oder vielleicht fünf – wenn das Leben darauf bauen kann.
Das gilt nicht nur für das Israel der Königszeit, das gilt von Ewigkeit zu Ewigkeit. Amen.

Du bist der Mann!

„Kann ich mein Kind, das tot ist, wieder zurückholen? Ich werde zu ihm fahren, es kommt aber nicht zu mir zurück."
2. Samuel 12,23 (13-24)

Liebe Gemeinde!
Schuldig! Im Namen des Volkes ergeht dieses Urteil über David, den Ehebrecher, der zum Mörder geworden ist. Nicht nur, dass der König während eines Krieges zuhause ist statt in der Schlacht, wo sich die Soldaten für ihn den Kopf einschlagen lassen; nicht nur, dass er sich zuhause die Langeweile ausgerechnet mit der Ehefrau eines tüchtigen und treuen Offiziers vertreibt; nicht nur, dass er seinen Fehltritt nicht zugibt, sondern ihn zu verdecken sucht, indem er dem braven Uria schnell Sonderurlaub gibt, damit der glaubt, das aus Davids Same entsprossene Kind Bathsebas sei von ihm – nein, als das Betrugsmanöver am

Pflichtbewusstsein Urias scheitert – der will nämlich zuerst den Krieg gewinnen und dann seine Frau besuchen –, lässt David den Braven in der Schlacht so postieren, dass er umkommen muss. Das alles ist eines Königs in Israel unwürdig, denn ein König von Israel hat Regeln zu beachten, er ist Mensch unter Gott, nicht Gott selbst, ihm gilt: Du sollst nicht ehebrechen, du sollst nicht falsch Zeugnis reden, du sollst nicht begehren, was deinem Nächsten gehört, du sollst nicht morden.

Wer einmal die Geschichte von Davids Ehebruch mit Bathseba in der Grundschule durchgenommen hat, der weiß, wie eindeutig das moralische Urteil hier zuschlägt. Für Kinder sind hier Schwarz und Weiß ganz klar verteilt. Und der biblische Text scheint ihnen ja erst einmal Recht zu geben. Lässt man die Bathseba außer Betracht, die Davids Einladung zum gemeinschaftlichen Ehebruch wohl doch bereitwillig gefolgt ist, dann ist David ohne Abstrich der Böse, und Uria ist ohne Abstrich das unschuldige Opfer. Der eine bequem, feige, verlogen, hinterhältig – der andere mutig, korrekt, pflichtbewusst, in seiner Ehrlichkeit betrogen.

Gerechterweise wäre es jetzt aus mit David. Und selbst hat der König, der ja auch oberster Gerichtsherr ist, sich das Todesurteil gesprochen. Nathan, der Prophet, hat ihm das Gleichnis erzählt von dem reichen Mann, der viele Schafe besaß und dennoch das einzige Schäflein des armen Nachbarn schlachtete, als er Besuch bekam. „Du bist der Mann!“ Dem konnte sich David vor Nathan nicht entziehen.

Soweit stimmt unsere Moral mit der der Erzählung überein. Wir erwarten jetzt natürlich, dass dem Uria Gerechtigkeit widerfährt, dass seine Familie vielleicht einen Ausgleich bekommt für seinen frühen Tod, dass ihm ein Denkmal gesetzt wird. Und wir erwarten, dass es mit David in der Geschichte Israels nicht mehr weitergeht. Denn so einer hat ausgespielt.

Wer vor uns ausgespielt hat, muss deshalb aber vor Gott längst nicht am Ende sein. Das ist die Zumutung der biblischen Erzählung an unsere Moral, das ist die

Botschaft der Rechtfertigung des Gottlosen aus Gnade allein, mit der vor fünfhundert Jahren die Kirche erneuert wurde und die auch heute eine provokante Erneuerung bewirkt, wo sie denn gehört wird.
Gottes Gnade ist von einem harmlosen „Alles wieder gut“ tunlichst zu unterscheiden. Es reicht nämlich nicht, dass David seine Schuld einsieht, damit die Sünde weggenommen wird und das Leben weitergeht. Da ist zu viel passiert. Da wurde die Ehre dessen beschmutzt, der geboten hat: Du sollst nicht ehebrechen, nicht falsch Zeugnis reden, nicht begehren, nicht morden. Da hat David sich selbst zu viel angetan, indem er das alles auf sich lud.
Das Kind aus Davids ehebrecherischer Verbindung mit Bathseba muss sterben. Hier begehrt alles auf in uns: Warum das unschuldige Kind, wenn schon nicht David? Warum der Mensch, der doch bestimmt nichts dafür kann, während dem Schuldigen das Leben geschenkt wird?
Mit solchen Warum-Fragen stoßen wir an die uns gesetzte Grenze. Unser Schema, innerhalb dessen jenes Warum seinen Sinn und sein Recht hat, ist eben nicht Gottes Schema. Unsere moralische Frage nach der angemessenen Gerechtigkeit geht am Leben vorbei: Warum hat Gott überhaupt Leben geschaffen – er hätte es ruhiger gehabt ohne diese Erde. Warum gibt es Tiere, die gefressen werden – und andere, die sie fressen? Warum hat er ausgerechnet uns Menschen zu Beherrschern der Erde gemacht – und nicht ein friedliches, gleichmütiges, nur pflanzenfressendes Geschöpf wie die Kuh oder den Esel? Warum darf ich Europäer relativ unbeschwert leben, so viele Menschen in Afrika oder in Lateinamerika aber nicht? Warum kommt einer aus einem Elternhaus, wo das Lernen den nötigen Stellenwert hat, während anderen zuhause die Lebenszukunft verbaut wird, weil dort nur Spaß und schnelles Geldverdienen zählen?
David ist das Herz schwer um sein Kind. Dieses Kind, das um seine Lebenszeit gebracht wird, ist ein geliebter Mensch. Das sind nicht alle Menschen. In seiner kurzen Lebensspanne wird dieses Kind Liebe und Wärme empfangen haben, so, wie Menschen es im besten Fall geben können. Das ist nicht jedem vergönnt.

Nein, damit soll der frühe Tod des Kindes nicht gerechtfertigt sein. Gesagt sei indes zweierlei: Dieses Kind hat in seiner kurzen Erdenzeit Liebe erfahren; das ist viel. Und das Große wird durch zeitliche Ausdehnung nicht zwangsläufig immer größer. Zweitens aber: Dieses Kind ist nicht vergangen, nicht im Nichts verschwunden. Kein Mensch vergeht, der in der Geschichte Gottes vorkommt. Von jenem Kind aus Davids erster Liebe mit Bathseba wird erzählt, Generation um Generation im Volk Gottes. Es steht im Buch der Geschichte Israels, und es steht im Buch des Lebens. Dort ist jeder Mensch aufgehoben, ob er nun alt wird oder ganz früh sterben muss.

Nochmals: Eine moralische Rechtfertigung für diesen Kindstod ist das nicht. Die gibt es nicht, kann es nicht geben – und muss es nicht geben. Weil Gott als der Herr der Geschichte sich unserer Moral nicht zu fügen hat. Es genügt, dass er uns das Leben schenkt, über den Tod hinaus.

David ist das große Beispiel des Glaubens, des Menschenlebens vor Gott, weil er Gott Gott sein lässt. Weil er akzeptiert, dass Gott sich unseren Regeln nicht fügt. David akzeptiert auch, dass bei uns Menschen die Dinge nicht aufgehen, dass wir an der eigenen Gerechtigkeit nur scheitern können und uns nichts übrig bleibt, als vom Herrn des Lebens beschenkt zu werden.

Ganz bewusst fällt David aus der Rolle: Jawohl, es gehört sich, die Trauerzeit einzuhalten, gerade dann, wenn die Umstände eines Todes so liegen wie hier. David kümmert sich nicht um das, was sich in den Augen von Moral und Religion gehört. Denn dadurch wird kein Mensch heil und ganz. Mensch bleibt Mensch bleibt Bruchstück.

Kann ich das Kind wieder zurückholen, kann ich meinen sehnlichsten Wunsch erfüllen? Nein! Menschliches Vermögen hat seine Grenze. Was soll da die fromme Inszenierung?

Doch da steht gleich der nächste Satz: Ich werde zu ihm fahren! Das tote Kind hat seinen Ort. Es ist nicht weg, nicht irgendwo verschwunden. Und auch ich werde nicht einfach weg sein, wenn meine Erdenzeit um ist. Für meine Erdenzeit bleibt der Tod des Kindes ein Schmerz. Es kommt nicht zurück. Nichts kann es gut machen, dass da dieses kleine Menschenleben abgebrochen wurde. Und doch fahre ich einmal zu ihm. Dorthin, wo alle Fragen gelöst sind, wo auch meine eigene Schuld getragen ist und wo es gut sein soll zwischen uns Menschen. Wer in Gott stirbt, bleibt. Und wenn ich dahinfahre, dann komme ich ins Leben, an den Ort, wo aller Schaden geheilt ist, wo abgebrochenes Leben neu werden darf.

Ein Glaubender in Israel ist nicht einer, der mit Gott seinen Vertrag schließt und dem deshalb alles glückt. Welten trennen die Bibel von jenen frommen Versprechungen, die den lieben Gott marktschreierisch als Wundermittel gegen alle Sorgen und Probleme feilbieten. Glaube hilft nicht fein heraus aus den Verstrickungen des Menschenlebens. Aber Glaube lässt tiefer sehen. Glaube löst aus der letzten Bindung an mein eigenes Ergehen, an mein Vermögen, an meine Entscheidungen. Glaube heißt: Gott Gott sein lassen und zugeben, dass ich selbst im Letzten nur beschenkt sein kann.

David lässt sich beschenkt sein, weil er die Grenzen des eigenen Regelns und Tuns annimmt. Darin bleibt er ein stolzer Mensch. Ist Gott für mich, so trete gleich alles wider mich: „Alles“ schließt Moral und eigene Gerechtigkeit ein. David hat alle menschlichen Verhaltensregeln gebrochen, vor Gott und den Menschen ist er Sünder. Und trotzdem bewahrt er sich hinterher den Stolz, aus Regeln erhobenen Hauptes auszubrechen: Er fastet und trauert nicht nach dem Tod des Kindes, denn das Kind kommt ja nicht zurück. Er weiß, dass er in Gottes Hand ist, wie das Kind auch. Darum braucht er sich religiösen Regeln nicht zu unterwerfen. Die schaffen kein Leben.

Alles hat seine Zeit: Im Buch der Predigten Salomos wird so die Lebensweisheit eines Glaubenden im alten Israel zusammengefasst. Salomo ist der zweite Sohn, den David mit Bathseba gezeugt hat, nachdem er sie offiziell zur Frau genommen hatte. David heiratet sozusagen eine Geschiedene; er selbst hat die Ent-Heiratung von dem braven Uria ja auf brachialstmögliche Weise vorgenommen.

Im Volk Gottes geschieht mehr, als Menschenmoral zulassen mag. Salomo wurde Davids Nachfolger als König Israels. Alles hat seine Zeit: Das heißt, dass nicht wir Menschen unser Leben zur Vollendung führen. Unsere Pläne sehen Pflanzen vor und Heilen, Aufbauen, Lachen und Tanzen, Sammeln, Lieben, Friedenstiften. Diese Dinge, dieses Produktive, Gewinnende, das ist gut in unseren Augen. Seine Zeit hat aber genauso: Ausreißen, Töten, Abbrechen, Weinen, Klagen, Wegwerfen, Verlieren, Zerreißen, Hass und Streit.

Das Leben fügt sich nicht unseren Vorstellungen. Es tut gut, das anzunehmen. Zu meinem Leben gehören Strecken des Verlustes und des Scheiterns wie die Strecken, die in meinen Augen gut und erfolgreich sind. Vor Gottes Augen hat alles seine Zeit, das, was wir Menschen wünschen und gutheißen, wie auch das, was wir uns nicht wünschen. Ein Mensch vor Gott ist der, der seine Grenzen einsieht, seinen Zwiespalt erkennt und zugibt. Erträglich werde ich, wenn ich vor Gott, vor mir selbst und vor anderen Menschen – Mensch bin; wenn ich zugebe: Jawohl, ich habe Grenzen, aber Gott gibt mir trotzdem das Leben, ganz frei als Geschenk. Und einmal werde ich zu ihm fahren. Dann wird es gut sein, dann ist aller Zwiespalt überwunden. Einstweilen gilt: Es ist nichts besser, als dass ein Mensch fröhlich ist in seiner Arbeit, dass er seinen Mitmenschen das Leben erleichtert, indem er sich und ihnen nicht mehr abverlangt, als Menschen eben geben können. Wer andere mit Schuldsprüchen überzieht, entbehrt des Spiegels, der ihm die eigenen dunklen Stellen zeigt. Wer darauf beharrt, selbst immer gut sein zu wollen, lässt Gott nicht das Seine – und den Mitmenschen wird er eine rechte Plage sein.

Darum mach's lieber wie David: Trauere um Deine Schmerzen und Verluste, aber lebe Deine Zeit in Höhen und Tiefen vor Gott, bis Du dann einmal zu ihm fahren wirst.

Fertig sind wir nicht mit David, dem großen König und dem angefochtenen, gestraften, getrösteten Menschen. Wir können nur immer wieder anfangen, diese Geschichte zu lesen, und versuchen zu verstehen, wie Gott an diesem Menschen

handelt. Jedenfalls ist David, der Erwählte Gottes, Mensch und nicht Übermensch. Das ist mein Trost. Amen.
(Predigtreihe 2005)

Propheten, schräge Vogel

Indienststellung eines Verrückten

Geh hin und sprich zu diesem Volk: Hört und versteht's nicht, seht und merkt's nicht!
Jesaja 6,9 (1-13)

Liebe Gemeinde!
Prophetische Rede ist verrückt. Sie fügt sich dem nicht, was man so meint und erwartet. Sie rückt aus der Übereinkunft des Normalen aus. Womöglich aber rückt sie uns damit gerade.
Ein Prophet redet so zur Sache, dass niemand mehr seine Sache darin findet, sein Ding damit drehen kann.
Alle Lande sind voll der Ehre Gottes. Das ist die Wahrheit. Voll ist diese Welt von der Güte des Schöpfers, unermesslich ist die Kraft des unentwegten Schaffens und Erhaltens. Ohne Gott wäre nichts. Was aber ist: Mensch und Tier, Sonne und Regen, Wind und Licht, das kommt aus seiner Hand.
Und wir – sehen nicht, dass das etwas Gutes ist, empfinden das Leben als Last und Gefahr, machen uns das Leben zur Hölle – uns und Anderen.
Prophetisch reden heißt: So reden, wie es in das Schema dieser Welt nicht hineinpasst.

Genau das Gegenteil eines Die-Leute-Abholens ist gefordert: Nicht das Herstellen von harmlosem Einvernehmen, sondern so klare Worte, dass niemand mehr das verkündigte Wort in sein harmlos-sumpfig-klebriges Weltbild einbaut, niemand billig die Botschaft entschärft. Derart verrücktes Reden bewirkt Unverständnis, ja Verstockung.

„Die Völker werden ihre Schwerter zu Pflugscharen und ihre Spieße zu Sicheln zu machen“: Das verkündet Jesaja, Sohn des Amoz, im Namen Gottes. Wie fern ist das von der Wirklichkeit einer Völkergemeinschaft, die auf gegenseitiges Misstrauen und auf Abschreckung baut. Jesaja aber sagt es, sticht uns den Stachel des anderen, des wirklichen, nicht von Waffen bewachten Friedens ins Fleisch. Und er sagt: „Gott wird den Tod verschlingen auf ewig. Er wird die Tränen von allen Angesichtern abwischen.“ Nicht trostreiche, am Ende doch hohle Worte klingen da in die Welt, sondern eine Verheißung, die aufhorchen lässt. Nicht hohle, sondern herausfordernde Worte; verrückte Rede eben.

„Hier bin ich, sende mich!“ Das ist der wohl erstaunlichste Satz in dem Kapitel über die Berufung des Propheten Jesaja in dem Jahr, als der König Usija starb, also in bewegter, bedrängter, von Hoffnung und Angst erfüllter Zeit in Jerusalem im siebten Jahrhundert vor Christus.

Wie kann jemand freiwillig solch einen Dienst auf sich nehmen, sich melden: Hier bin ich!?

Das Thema, um das es geht, ist brandgefährlich. Jesaja selbst erschrak sich ja schier zu Tode, als er des Herrn ansichtig geworden war: Weh mir, ich vergehe. Denn ich bin unreiner Lippen und wohne unter einem Volk von unreinen Lippen. Dem Unreinen aber kann die Begegnung mit dem Allerhöchsten nur den Tod bringen.

Ein besserer Mensch ist Jesaja offensichtlich nicht. Ein Unreiner unter Unreinen. Immer wieder klingt das urbiblische „Das Trachten des Menschen ist böse von Jugend auf“ durch. Gottes Zusage, der Erde zu geben, was immer sie braucht, ist mit dem Seufzer, dem Eingeständnis verbunden: Es ist alles keineswegs sehr gut hier.

Ein Prophet ist kein Moralathlet, kein herausragend Weiser oder Tüchtiger. Ein Prophet ist einer, mit dem geschehen ist, was kein Mensch herbeiführen kann, was auch kein Mensch sich wünschen wollte.

Den Tempel des Herrn sieht jeder. Wer in Jerusalem in jener Zeit zugange war, konnte gar nicht anders, als den Tempel des Herrn zu beachten. Darinnen wohnte *er*. Draußen aber war das Leben.

Der Tempel voll der Ehre Gottes – das Land erfüllt von Streit, Neid und Sorge. Beides aber hing zusammen: Denn je voller der Tempel mit religiöser Pracht, umso gelöster das Land von der Verheißung und Weisung des Gottes, dem kein Mensch je gleichgültig war.

Der Tempel mit seinen Mauern, mit dem Unterschied von drinnen und draußen: Er war das Problem des Landes. Ursprünglich war Gott in Gestalt der Gebotstafeln mit dem Volk durch die Zeit und die Welt gezogen. Ein schlichter tragbarer Holzkasten, die Bundeslade, war das Allerheiligste Israels gewesen, Sinnbild der Gegenwart Gottes auch in Staub, Hunger und Gefahr. Dieser Gott taugte für das Leben in der Wüste, für die Entbehrung von vierzig Jahren Wanderschaft. Er war dabei im Abenteuer der Landnahme, er begleitete das wüste und wilde Leben der zwölf Stämme in einer feindseligen Umwelt.

Allmählich aber wurde Israel ein Volk wie alle Völker. Erst wollten die Israeliten einen König. Denn alle Völker hatten Könige. Könige sind zum Vorzeigen. Um einen König herum ist die sichtbare Sphäre der Macht, wo zum Beispiel Gericht gehalten wird; man kann sich davon entfernen und recht unbehelligt seinen Alltag leben: Gehe nie zu deinem Fürst, wenn du nicht gerufen wirst... Der König scheidet zwischen hier und dort. Der König befriedigt auch die Schaulust, das Bedürfnis nach Neuigkeiten von gekrönten Häuptern. Paparazzo war bestimmt damals schon ein Beruf, der viel über den Menschen und seine Gesellschaft verriet.

Gott wehrt sich gegen diesen Wunsch seines Volkes. Er warnt: Der König wird euch zum Frondienst pressen, wird Steuern verlangen, ihr werdet rundherum Freiheit einbüßen. Ihr werdet seinen Launen ausgeliefert sein, auch seinem Ungeschick.

Das Warnen hilft nichts: Israel begehrt einen König – und bekommt ihn.

Nur drei Generationen später geht Israel den nächsten Schritt zur Normalität: König Salomo baut Gott einen Tempel. Jetzt ist der Befreier aus Ägypten zur Ehre der Altäre aufgestiegen – wie schön für ihn, könnte man meinen. Doch ihm gefällt das nicht. Denn ein Tempel entspricht nicht dem Wesen des Gottes, der das Leben selbst ist; er entspricht allein dem religiösen Bedürfnis des Menschen. Gott einen Tempel zu bauen, bedeutet: Ihm ein Reservat zu schaffen, ihn im goldenen Käfig der frommen Verehrung einzusperren, vom Leben auszusperren.

Jesaja sieht Gott im Tempel. Übervoll ist der sakrale Raum mit der Herrlichkeit des Herrn. Doch das Land ist voll unreinen Volks.

Ein Prophet sein kann nur, wer diese Spannung empfindet – und nicht einfach aushält. Alle sehen das prächtige Haus Gottes und gehen beruhigt ihrem Alltag nach. Ein Prophet ist ein Verrückter. Einer, dem die Justierungen des religiösen Alltags entglitten sind. Ver-rückt ist dem Propheten die Trennung von Heilig dort und Alltag hier.

Alle Lande sind der Ehre Gottes voll: Dem Verrückten ist das kein Feiertagshymnus, den man zur allwöchentlichen Erbauung absingt und dann sofort vergisst.

Wenn alle Lande der Ehre Gottes voll sind, muss es im Land auch entsprechend zugehen. Dann muss der Mensch dem Menschen Mensch sein.

Wer als Mensch dem Menschen nicht Mensch ist, ist unrein, aus der Art geschlagen. „Unrein“ ist nicht das Missachten irgend einer einzelnen Vorschrift – sei es das Händewaschen, sei es das Benehmen bei Tisch, sei es etwas aus der Sexualität. Unrein im biblischen Sinn ist die Unmenschlichkeit: Das Bestehen auf dem eigenen egoistischen Recht, obwohl damit der Nächste kaputtgemacht wird; das Durchsetzen des eigenen Wunschbildes, obwohl damit so viel Möglichkeiten von Leben abgetötet werden; das Nicht-Sehen von Bedürftigkeit, weil nur der Effekt zählt.

Unreine Menschen verfehlen sich nicht hier oder da. Ich kann nicht rein werden, indem ich dies tue oder jenes lasse, mich dieser oder jener Vorschrift unterordne. Rein kann ich nur werden, wenn ein Anderer mich erneuert, damit ich Mensch bin.

So, wie die Dinge liegen, ist diese Erneuerung nichts Kleines, nichts, was bruchlos an mein altes Leben anknüpfen könnte.

Die Botschaft der liebevollen Herrlichkeit Gottes stößt vor den Kopf, zerbricht dabei die klugen Pläne, mit der Welt des Todes geschickt umzugehen.

Denn gesagt ist da ja, was niemand sagt. Gesagt ist: Gott ist für den Menschen, einfach, weil er Gott ist, nicht weil der Mensch darauf sich ein Recht verdiente. Gott will abwischen alle Tränen von der Menschen Augen – um sich als Gott herrlich zu zeigen in allen Landen!

Gesagt ist: Achtet einander, gleichgültig, was einer euch nützen kann.

Gesagt ist: Die Geschichte wird einmal gut ausgehen, auch wenn eure Pläne, an die ihr euch klammert, scheitern. Schämt euch auch nicht des Scheiterns, mimt nicht den Helden. Noch der Stumpf eurer großen Pläne wird ein heiliger Same sein, wenn Gott es so will. Lasst Gott es sein, der die Tränen abwischt.

Die Gnade stößt Natur und Klugheit um, macht unsere Weisheit zur Torheit.

Deshalb: Rede – und sie werden's nicht verstehen, lass sie sehen – und sie werden's nicht merken.

Prophetisches Predigen beginnt mit jenem unglaublichen: Hier bin ich, sende mich! Möglich ist das nur, weil ungewöhnlich, unnatürlich an mir gehandelt wurde. Weil ich über dem Sehen des Tempels ver-rückt wurde. Weil ich Gott nicht mehr im Tempel eingesperrt sein lassen kann, sondern seine Botschaft aus dem Tempel ins Land tragen will. Alle Lande seiner Ehre voll: Nicht Feiertagshymnus, sondern Hoffnung!

Ver-rückt ist der Prophet: Aus unbeteiligter religiöser Anschauung wird tätige, die Welt verändernde Kraft.

Der Prophet ist wohl das Gegenteil eines Pädagogen. Der will das Neue mit möglichst viel Bekanntem verbinden, das Lernen Schritt für Schritt ganz harmlos gestalten. Gottes Wort ist aber nicht harmlos. Menschliche Lippen sprechen es nur dann wirksam aus, wenn sie buchstäblich durchs Feuer gegangen sind.

Die Prophetie ist Gottes Rebellion gegen das Tempelghetto. Hätte der Gott Israels sich mit dem Tempel abgefunden, sich abspeisen lassen mit der Verehrung am Feiertag – er wäre ein kraftloser Götze geworden. Viel zu bequem wäre er bald gewesen, um sich überhaupt noch für uns Menschen außerhalb des Tempels zu interessieren. Ein Tempelgott stirbt nicht für die Menschen den Kreuzestod.

Sein Für-den-Menschen-Sein hat Gott sich bewahrt, indem er ungemütlich blieb. Darum die Propheten. Darum Jesaja, der von der Herrlichkeit Gottes außerhalb des Tempels kündet. Der mein und Dein Leben mit dem herrlichen Gott verknüpft.

Hier bin ich, sende mich! Das zu sagen, ist verrückt. Es rechnet mit mehr, mit ganz Anderem, als unsere Weisheit sich zusammenrechnet. Doch womöglich rückt solche Verrücktheit das Schiefe ja wieder gerade!? Vielleicht höre ich im verrückten Wort ja das, was mich ganz sein lässt? Dank dem Jesaja, dass er da gewesen ist! Amen.

Zuständig, doch nicht für alles

Wenn du den Gottlosen warnst und er sich nicht bekehrt von seinem gottlosen Wesen und Wege, so wird er um seiner Sünde willen sterben, aber du hast dein Leben errettet.
Hesekiel 3,19 (17-21)

Liebe Gemeinde!
Was ist Sache des Boten, was nicht?
Der Briefbote stellt die Post zu, er schreibt die Briefe nicht, im Idealfall liest er sie auch nicht. Und er kontrolliert nicht, was der Empfänger mit der Post macht: Ob er die Rechnung ungeöffnet zum Altpapier gibt, den Liebesbrief freundlich beantwortet, für die Urlaubskarte dankt. Der Bote hat einen klaren Auftrag und ganz klare Grenzen. Der Briefträger hat ausgesorgt, wenn der Brief im Kasten angekommen ist. Alles, was darüber hinausgeht, geht den Boten nichts an. Ist die Post eingetroffen, hat er seine Pflicht erfüllt.
Du hast dein Leben errettet, hört Hesekiel.
Vor siebzig Jahren stritt die evangelische Christenheit in Deutschland, in einem wahnsinnig gewordenen Deutschland, darüber, was „Gemeinde" sei und ihr Dienst an der Gemeinschaft der Menschen.
„Gemeindeaufbau" war ein Schlagwort bei denen, die den politischen Aufbruch in einen kirchlichen Aufbruch ummünzen, die Kirche dem nationalsozialistischen Staat gleichschalten wollten.
Die Gemeinschaft der Getauften sollte sichtbar aufgebaut werden in Gruppen, die ein von religiösem Geist durchtränktes Alltagsleben führten. Die Gemeinschaft der Taufe – umgesetzt in eine sozial erfahrbare Lebensgemeinschaft. Alle Getauften sollten sich am Leben der Gemeinde beteiligen, sichtbar dabei sein.

Der Umkehrschluss lautete: Ein Getaufter, der sich nicht in jene sozialen Lebensordnungen hineinfand, gehörte nicht zur Gemeinde, war eben eine bloße Karteileiche.
Der Spuk jenes „deutschen Christentums“ ist leidlich überstanden, das Schlagwort „Gemeindeaufbau“ blieb erhalten.
Bei Hesekiel geht es um das Maß der Verantwortung des Gottesboten für die Lebenskraft der Botschaft. Der Bote richtet aus.
Dahinter findet sein Bereich seine Grenze. Versteht der Bote seinen Auftrag recht, dann wird er dem Auftraggeber zutrauen, dass er die Botschaft ihren Weg finden lässt. Gott wird selbst seine Gemeinde bauen.
Die Barmer Theologische Erklärung bestimmte 1934, gegen den Aufbauwahn der „Deutschen Christen“, es sei die Aufgabe der Kirche, das Evangelium „auszurichten an alles Volk“. Wohlgemerkt: Aufgabe der Kirche ist nicht, das Volk zu einem christlichen Volk zu machen. Nur das Evangelium ist „auszurichten“! So drückte sich theologisches Nachdenken und dementsprechende Bescheidenheit aus.
Dietrich Bonhoeffer sagte damals in einer Predigt: „Nicht wir sollen bauen, sondern *er* will bauen. Kein Mensch baut die Kirche, sondern Christus allein. Wer die Kirche bauen will, ist gewiss schon am Werk der Zerstörung; denn er wird einen Götzentempel errichten, ohne es zu wollen und zu wissen. Wir sollen bekennen – *er* baut. Wir sollen verkündigen – *er* baut. Wir kennen seinen Plan nicht. Wir sehen nicht, ob er baut oder einreißt. Es mag sein, dass die Zeiten, die nach menschlichem Ermessen Zeiten des Einsturzes sind, für ihn die großen Zeiten des Bauens sind. Es mag sein, dass die, menschlich gesehen, großen Zeiten der Kirche Zeiten des Einreißens sind. Es ist ein großer Trost, den Christus seiner Kirche gibt: du bekenne, verkündige, zeuge von mir, *ich* allein aber will bauen, wo es mir gefällt.“

Das, meine Lieben, heißt: Zum Wächter gesetzt sein. Wir haben uns mit einer ganz bestimmten Aufgabe zufrieden zu geben. Diese Aufgabe ist schwierig, selten populär, und sie hat ihre Grenzen.

Wie klein wäre die Welt Gottes, wie ärmlich müsste seine Geisteskraft sein, gäbe es seine Gemeinde nur dort, wo wir es sehen und erleben, wo wir mit dem Bau zufrieden sind. Wie groß aber wird die Welt Gottes, wenn ich darauf vertrauen kann, dass Gott seine Sache führt, auch wenn mein Auge es nicht sieht.

Paul Gerhardt tröstete den, der sich nicht abfinden konnte mit der Grenze seines Auftrags durch die mahnende Erinnerung: „Bist du doch nicht Regente, der alles führen soll, Gott sitzt im Regimente und führet alles wohl."

Ein Bote Gottes kennt seine Grenze. Er weiß freilich zuerst um den Ernst seines Auftrags. Es geht da um Tod und Leben. Er hört das erste und das letzte Wort, das allein gültige Urteil über uns Menschen. Seine Aufgabe ist das Warnen. Und dieser Aufgabe hat er sich nicht zu entziehen, etwa nach dem Motto: „Ach, das ist den Leuten doch viel zu beschwerlich. Lasst uns am Sonntagmorgen doch eine Stunde lang Spaß miteinander haben, was kümmert uns Gottes Wort?" Nein, wenn er die Botschaft nicht ausrichtete, hätte er sein Leben verwirkt. Die Botschaft steht nicht in seinem freien Ermessen, nicht in der Entscheidung einer Mehrheit, nicht im Belieben der Mode. Dass gepredigt wird, ist nicht unsere Idee.

Dass gepredigt wird, liegt in der Autorität des Wortes, in Gott selbst, begründet. Dort gründet aber genauso die Wirkkraft des Wortes, der Erfolg der Predigt. Und das ist die andere Grenze der prophetischen Predigt. Der Prophet hat nicht in der Hand, was aus seinem Wort wird. Es geht ja nicht um seine Botschaft. Das ist ein Stück Freiheit. Die Freiheit der Predigt hat hier ihren Ursprung: Ich stehe hier nicht in meinem Namen und für meine Ziele, sondern im Dienst eines ganz Anderen. Daran hat sich seit Hesekiel nichts geändert. Ich, der Prediger, muss nicht alles in meine Klauen kriegen, alles meinen Maßstäben anpassen. Ich kann dem Urheber der Botschaft überlassen, dass er das Wort seinen Weg finden lässt: „...Gott sitzt im Regimente und führet alles wohl.“ Darum bestimmt Gott wohl den Prediger zum Wächter über das Volk, aber er selbst gibt seine Sorge für Israel nicht ab.

Hesekiel wird ganz Botschaft in Person. Damit aber weiß er zurückzutreten von den Entscheidungen der Welt.

Es genügt, dass das Wort Gottes in der Welt ist. Es genügt, dass zu hören ist von der Treue, Liebe und von der Weisung Gottes. Tief und radikal ist Hesekiels Predigt: Er weicht dem letzten Thema, dem Tod, nicht aus. Der Gott des Lebens ist kein Schönwettergott, er meidet die Schlachtfelder und Friedhöfe dieser bösen Erde nicht. Hesekiel beschreibt im 37. Kapitel ein Feld, übersät mit Totengebeinen. Für Menschen ist da aller Hoffnung Ende. Nicht aber für Gott. Dem, was da niederliegt, völlig am Ende ist, spricht Gott neues Leben zu. Drunter tut er's nicht.

Sicher, der Bote will wissen, ob sein Auftreten wirkt, ob die Menschen ihn ernst- und annehmen. Damit aber kratzt er gefährlich an der Grenze, die auch zu seinem Wohl von Gott gesetzt wurde. „Wenn du den Gottlosen warnst – was dann auch immer geschieht –, so hast du dein Leben errettet.“ Das hat dem Prediger zu genügen.

Auch ich möchte ja wissen, was von meiner Predigt wie ankommt. Ob sich das Leben durch meine Worte aufhellt, ob Trost zu spüren ist und Hoffnung keimt oder ob alle nur aus Gewohnheit kommen, damit der Sonntag nicht so lang und leer ist.

Ich möchte wissen, ob dort, wo ich jemandem ins Gewissen geredet habe, sich etwas ändert. Wissen will ich das vielleicht aus Sorge um jenen anderen Menschen – vielleicht und wahrscheinlicher aber auch, um das Ausmaß meiner Autorität zu prüfen, um zu erfahren, ob man auf mich hört.

Hesekiel wird schroff verwehrt, das alles zu erfahren. Wenn du deine Predigtaufgabe erfüllt hast, dann ist es genug. Ihm wird gesagt: Es genügt, wenn in deinem Wort mein göttliches Wort zu hören ist unter den Menschen. Dafür sorge – und dann hast du ausgesorgt.

Damit ist die Aufgabe der Kirche beschrieben: Den Menschen die Botschaft bringen. Die Kirche ist Botin des Evangeliums.

Sie ist nicht Erzieherin der Leute, zum Beispiel. Ob das Evangelium die Menschen verändert, liegt jenseits der kirchlichen Sorge. Nicht Kirche oder Kirchlichkeit ist das gültige Maß für die Kraft des göttlichen Geistes. Das entlastet, bedrückt und beschneidet aber auch das kirchliche Selbstverständnis. Denn jeder will ja wissen, welchen Einfluss er hat. Die Kirche soll zur Ehre ihres Auftrags auf das Kontrollieren der Menschen verzichten.

Wer den Glauben der Menschen kontrollieren wollte, müsste eine Gabe haben, die kein Mensch besitzt: Anderen ins Herz sehen können. Wissen, was hinter der Stirn des Nächsten vorgeht, den Blick des Auges gegenüber deuten können. Wenn's hart auf hart geht, kann das aber niemand. Die Faszination des Menschen liegt ja gerade in seiner Ungreifbarkeit. So weiß ich nicht, weshalb fromme Menschen in der Kirche sind – und ich weiß auch nicht, weshalb unfromme Menschen nicht hier sind, weshalb Gleichgültigkeit und Ablehnung gezeigt werden. Womöglich hat die gezeigte Ablehnung damit zu tun, dass Menschen sich in einer Sache, die nur zwischen ihnen und Gott selbst geregelt werden kann, von mir belästigt, von mir bedrängt fühlen. Mein Versuch, das zu erfahren, was Gott allein wissen kann, stiftet womöglich Schaden.

Die prophetische Predigt ist der Ort, an dem das zu hören ist, was uns zurücktreten lässt. Das Entscheidende geschieht ohne unsere Entscheidung. Gott entscheidet für uns. An unserer Stelle – und in unserem Sinne. Das sagt die Predigt. Ihrem Thema gemäß ist, dass sie die Grenze ihres Auftrags kennt. Jenseits der Predigt bist Du in der Hand Gottes.

Du Menschenkind, ich habe dich zum Hüter bestellt: Du wirst aus meinem Munde das Wort hören.

Das ist das Privileg der Kirche. Richtet sie das Wort nicht aus, weil ihr das Ansehen bei den Leuten wichtiger ist als ihr Auftrag, scheut sie die Anstrengung, das Besondere zu bieten, will sie lieber eine spaßige Stunde haben – dann sehe sie sich vor! Für den Irrweg der Menschen wird sie einstehen. Es ist nicht egal, was hier geredet, was hier im Namen Gottes gepredigt wird.
Richtet sie aber das Wort aus, dann darf, dann muss sie einen Schritt zurücktreten – getrost zurücktreten. Das Wort Gottes wird in der Welt seinen Weg nehmen. Es wird aufdecken und aufrichten, zerschlagen und bauen, trösten und neumachen, wie es der Liebe Gottes zu all seinen Geschöpfen entspricht.
Kirche ist in der Welt, damit das Wort seine Kraft entfaltet. Nicht der Prediger, nicht der Prophet ist der Held dieser Geschichte. Er ist ein Statist, eine nötige, aber nicht die zentrale Figur. Die Predigt muss sein, damit Menschen das zu hören bekommen, was sonst niemand sagt. Wehe der Kirche, die sich selbst interessanter findet als das Wort! Die meint, das „Eigentliche" sei das, was sich in ihren Gruppen und Kreisen abspielt, im gemütlichen Beisammensein hinterher. Diese Kirche braucht niemand, ihr Herr am wenigsten.
Du hast dein Leben errettet: Das ist das ewige Urteil über den Prediger, der seine Aufgabe erfüllt. Die Kirche, die gepredigt hat, hat das Ihre getan. Wenn sie nicht nach ihrer Stellung in der Welt gefragt hat, wenn sie das Wort nicht modisch zugeschnitten, nicht das weggelassen hat, was die Leute nicht hören wollen. Diese Kirche lässt dem Wort den Weg frei in die Welt. Und sie wird, ganz ungezwungen, erleben, wie die Welt neu wird unter dem Wort, wie sogar die Totengebeine sogar das Neue an sich er-leben.
Hesekiel sieht gegen Ende seines Buches den Strom des Lebenswassers aus dem Tempel fließen. Das Land wird neu, weil Gott seine Treue nicht bricht, weil sein Hingezogen-Sein zu den Menschen stärker ist als ihre Gottlosigkeit. Das ist die Frucht der Botschaft. Sie zeigt sich zu der Zeit, die Gott ihr bestimmt. Bis dahin ist unsere Sorge ganz allein die, dass die Predigt nicht verstummt. Trauen wir es dem Wort zu, seinen Weg zu finden und Menschen zu erneuern. Amen.

Ein religiöser Profi hat Sendepause

Siehe, du wirst stumm werden und nicht reden können bis zu dem Tag, an dem dies geschehen wird, weil du meinen Worten nicht geglaubt hast, die erfüllt werden sollen zu ihrer Zeit.

Lukas 1,20 (5-25)

Liebe Gemeinde!

Wenn wir in diesem Jahr darüber nachdenken, wie man Prophet wird, ist es sicher nützlich, das Werden eines Propheten einmal ganz von Anfang an zu besehen, also bei seinen Eltern zu beginnen. Der Prophet, der da wird, ist nicht irgendeiner, sondern, wie Lukas seinem Vater Zacharias in den Mund legt, „der Prophet des Höchsten". Johannes, dessen Geburt angekündigt wird, soll dem Menschen vorangehen, durch den Gott die Kluft zwischen Gott und Mensch schließt. Johannes soll nichts sein als Hinweis – ein überdimensionaler Zeigefinger, wie ihn Matthias Grünewald auf dem Isenheimer Altarbild gemalt hat.

Schon solch ein Mensch, der nichts ist als Hinweis, ist nicht normal. Wenn bei uns Menschen einer ruft: „Seht!", folgt doch allermeist: „Hier bin ich!" Wir weisen auf uns hin, auf unser Können, auf unsere Schönheit, auch auf unsere Bedürftigkeit und unsere Wut. Johannes aber weist auf den Anderen hin, er tritt zurück. Darum ist er Prophet, ein Bote Gottes. Er soll Prophet des Höchsten heißen.

Wieder finden wir uns im Spannungsfeld zwischen Welt, Religion und dem ewigen Herrn. Jesaja trug die Herrlichkeit Gottes mit ihrem Anspruch auf mein und Dein ganzes Leben aus den Tempelmauern in die Welt. Bei ihm sollte wahr werden, dass die Herrlichkeit Gottes alle Lande erfüllt. Das durfte kein Hymnus nur für das fromme Tempelghetto sein, das musste im Alltag wahr werden. Und Hesekiel bekam zugemutet, seine Predigt der Macht Gottes anzuvertrauen, nicht selbst bewirken und nicht selbst kontrollieren zu können, was aus seinem Wort werden sollte. „Predige du, und du hast dein Leben gewonnen" – ein Trost und zugleich eine unübersteigbare Grenze, dem religiösen Menschen nicht leicht akzeptierbar.

Zacharias bekommt nun auch allerhand zugemutet. Er und seine Frau Elisabeth sind brave alte Leute, doch mit dem Makel behaftet, kinderlos geblieben zu sein. Die Bibel hat so vielfältig ein Herz für den mit Makel behafteten, schief angesehenen Menschen, dass aus solchen alt gewordenen, erkalteten Ehen fast zwangsläufig das Außergewöhnliche, Gott besonders Nahe hervorkommen muss. Das ist bei Hanna so, der Mutter Samuels, und das ist bei Sara so, der Frau des Erzvaters Abraham. Schließlich wird auch auf der Mutter jenes Allerhöchsten, dem der Täufer Johannes einmal vorangehen soll, ein Makel liegen, denn ihr Kind stammt ja nicht von ihrem Mann. Dass Josef Maria verlassen wollte, konnte ihm kaum verübelt werden, und es bedurfte des übernatürlichen Eingriffs, ihn vom Gehen abzuhalten. Unbefleckte Empfängnis hin oder her – erst einmal rümpfen die Leute die Nase.

Zacharias ist nach der religiösen Ordnung Gott ganz nahe. Sein alltäglicher Beruf ist der Vollzug der Opfer im Tempel. Niemand könnte der Erhabenheit Gottes näher kommen als er. Gerade das aber gefährdet seinen Glauben: Da ist zu viel Religion, zu viel regelmäßige Übung, zu viel Eingeplantes. Auch das Gebet und das Opfer vor Gott werden etwas Normales, der Routine Unterworfenes, wenn man es jeden Tag tut von morgens bis abends.

Als frommer Jude weiß Zacharias natürlich, dass Gott alles kann. Er weiß, kann aus der Schrift hersagen, dass Gott die Erde aus dem blanken Nichts erschaffen hat, dass er Leben in aller Fülle und Schönheit entstehen ließ, wo keine Voraussetzung dafür bestanden hatte. Zacharias kennt natürlich auch die Geschichten von Abraham und Sara, die im Alter doch noch mit dem Kind Isaak gesegnet wurden, er kennt auch die Geschichte von Hanna und Samuel. Aber das sind

eben bloße Elemente aus seinem beruflichen Alltag, nichts, was ihn in seinem Herzen berührte, was sein eigenes Schicksal in ein neues Licht stellte.
Zacharias ist ein vernünftiger Mann. Und als solchem ist ihm klar, dass sich alte Leute mit ihrer Kinderlosigkeit abzufinden haben. Die biologische Uhr tickt, wenn sie einmal ausgetickt hat, war's das.
Der Tempel ist Gottes Wohnung mitten in seinem Volk. Doch dass es eine hochproblematische Sache ist, Gott eine bestimmte Adresse zuzuweisen, das haben wir schon oft gehört. Das ist eigentlich das Grundthema der alttestamentlichen Glaubensgeschichte. Der Gott Israels ist der Gott des Lebens, der den Alltag für sich fordert. Und nun hat dieser Gott die Freiheit, er erfrecht sich geradezu, ausgerechnet im Tempel zu protestieren gegen den Versuch, ihn im Tempel einzusperren. Die in der Religion wieder und wieder beim Namen genannte, im Hymnus verherrlichte Größe Gottes soll im Leben, draußen, Gestalt gewinnen, soll mehr sein, als die routinierte Vernunft und die Frömmigkeit ihr zubilligen.
Gott sagt zu Zacharias: „An dir und Elisabeth wird ein Wunder geschehen, und das ist erst der Anfang dessen, was ich mit meiner Menschheit vorhabe!"
Dem religiös Routinierten ist das ein Schlag ins Kontor der Gewissheiten. O ja, Zacharias wünscht sich ein Kind. Aber die Zeit ist doch vorbei, und Allmacht und Güte Gottes sind leere Formeln, die er täglich hersagt. Was soll das denn nun?
Es ehrt Zacharias, dass er ehrlich ist und seinen Unglauben ausspricht. Wäre er als religiöser Profi ganz und gar kaltblütig, dann hätte er fromme Worte parat, die er der plötzlichen göttlichen Zumutung souverän entgegenstellen könnte. Er könnte dann heucheln: „Ja, großer Gott, dir ist alles möglich, ich füge mich ganz in deinen Willen." Sagen heißt nicht zwangsläufig Glauben. Das aber sagt Zacharias nicht. Er gibt zu, dass ihm das Maß der Vernunft und der Erfahrung plausibler ist als die Worte des Glaubens, die er berufsmäßig gebraucht. Zacharias macht sich vor Gott nicht fromm. Er steht zu seiner Verkrümmung in das

menschlich Einsehbare, zu seiner Treue zu dem, was alle sagen. Er ist in aller Banalität Mensch vor Gott.
„Woran soll ich erkennen, dass der Engel recht redet?" Der vernünftige Mensch will Belege haben. Aus der biblischen Geschichte weiß Zacharias wohl, dass Gott gegen Erwartung und Augenschein viel Großes getan hat – aber das sind eben nur Geschichten für den frommen Betrieb im Tempel, nichts, was im wirklichen Leben gilt.
Dass Zacharias nun stumm wird, mag die größte Gnade sein, die dem religiösen Profi widerfahren kann in dieser Situation. Müsste er reden, müsste er weiter seine regelmäßigen Gebete im Tempel vollziehen, er würde ganz und gar zum Heuchler. Er würde hersagen müssen, wogegen sein Innerstes rebelliert. In Wahrheit wehrt er sich gegen die Größe und Güte Gottes, er kann nicht annehmen, dass ihm doch noch ein Kind geschenkt werden soll. Das jahrelange Warten, die dauernde Enttäuschung haben ihm zu sehr wehgetan, als dass er sich jetzt auf diese unvernünftige, vollkommen widersinnige Zusage einlassen könnte. Diese Herausforderung, dem Wort glauben, wehrt Zacharias ab.
Gott erweist seinem Priester Zacharias die Gnade, auf seine Dienste zu verzichten, ihm eine Sendepause zu gönnen. Denn jetzt handelt *er*, genau so, wie die religiöse Überlieferung es aufbewahrt – und durch ihre Routine doch alltäglich verleugnet. Neu wird das Leben, gegen den Pessimismus der Vernunft. Wo das geschieht, braucht es keine religiöse Übung im Tempel – wie es in der Gottesstadt am Ende der Zeit keinen Tempel mehr geben wird, weil alle Gott von Angesicht zu Angesicht sehen. Der Tempelpriester Zacharias wird durch sein Schweigen zum Zeugen dafür, dass Gott nichts weniger ist als religiöse Routine. So „wird" ein Prophet, so kommt Johannes auf die Welt, der Prophet des Höchsten heißen wird.
Der Täufer wird das schlimme Ende dessen finden, der prophetisch redet, sich dadurch mit den Mächtigen anlegt. Eine Königstochter wird sich seinen Kopf

auf dem Silbertablett servieren lassen, zum sichtbaren Zeichen der bleibenden Überlegenheit von Macht und Intrige.

Nein, angenehm findet der Täufer dieses Schicksal sicher nicht, aber vielleicht kann er es im Licht der Zukunft Gottes auffassen, es deuten als das Aufbegehren der in sich verkrümmten Welt gegen den Kommenden, der es gut meint mit genau dieser Welt. „Er muss wachsen, ich aber muss abnehmen", ist das Motto Johannes des Täufers. Der Kommende muss in dieser Welt Platz greifen, muss sich diesen Zuständen hier aussetzen und durchsetzen, dass diese Welt doch immer noch Gottes Welt ist. Der aber davon spricht, dass jener kommt, wird die Zustände dieser Welt nur leidend erfahren. Er selbst kann nicht wahrmachen, was er predigt. Er kann sich nur darauf verlassen, dass sein Wort wahr ist. Der Prophet kann nicht jedermanns Liebling sein, denn er erinnert mich und alle Welt ja daran, dass ich zum Heil eines Anderen bedarf.

Der Prophet verhindert, dass die Kirche, die Gemeinschaft der Glaubenden, ein gemütlicher Verein wird. Der Prophet durchkreuzt den Aufbauplan, den Menschen sich für ihr religiöses Treiben zurechtlegen. Dass Religion keinen Vorsprung, keinen Erbbesitz im Glauben bedeutet, mutet die Prophetie uns zu. Ja, Gott ist im Tempel gegenwärtig, wo Leute wie Zacharias ihren Dienst tun. Aber er kann noch ganz anders dort gegenwärtig sein, als es der religiösen Regel entspricht. Gott nimmt sich die ungeheuerliche Freiheit, unsere Maßstäbe nicht zu übernehmen. Wer in unseren Augen „drinnen" ist, ist nicht zwangsläufig besonders nahe bei Gott, und wer in unseren Augen „draußen" ist, kann sogar Gottes besonders liebes Kind sein.

Das schränkt den Hochmut der Kirche ein. Das allein aber begründet den Bestand von Kirche. Als Gemeinschaft der Glaubenden werden wir bestehen, auch wenn alle uns für unmodern halten und meinen, wir hätten der Welt nichts zu bieten. Es ist ja verständlich, wenn Kirche sich sorgt wegen der Ungeheuerlichkeit ihrer Botschaft. Dass da einer „für uns gestorben" sei, das akzeptiere doch heute niemand mehr. Heute könne doch allenfalls ein bisschen „Seid nett zu einander“ gepredigt werden; das wollten die Leute hören, vielleicht. Wenn Kirche so argumentiert, geht sie aber davon aus, dass sie selbst um jeden Preis stark und groß müsse, und sie ignoriert dabei den, der da kommen soll. Schauen wir aber auf den, dann können wir wie die Narren am Auftrag der Kirche festhalten. Wir können abnehmen an Ansehen in dieser Welt, weil der Andere ganz sicher kommt und mächtig sein wird in seiner Schöpfung. Wenn das einmal geschieht, wird das wahr, was Elisabeth, die Mutter des Täufers, empfand: So hat der Herr an mir getan in den Tagen, als er mich angesehen hat, um meine Schmach unter den Menschen von mir zu nehmen.

Prophetische Existenz blickt aus auf diese ganz bestimmte Zukunft: *Du Kindlein wirst ein Prophet des Höchsten heißen, denn du wirst dem Herrn vorangehen, dass du seinen Weg bereitest.* Amen.

(Predigtreihe 2006)

Gelegentlich gesagt

Vom Anspruch des Gedenkens

9. November

Mit den toten Juden haben wir Frieden gemacht.

Immerhin: Wir wollen das Andenken der damals verhöhnten, damals um ihr Eigentum gebrachten, damals dem Mob schutzlos ausgelieferten, damals deportierten Menschen heute in Ehren halten, neu zu Ehren bringen. Das ist gut.

Aber wenn unser Gedenken heute nicht billiges Ritual, nicht nur Selbstentlastung sein soll, muss es nach vorne wirken.

Wenn Gedenken mehr ist als jährliches Ritual, dann kann uns heute nicht egal sein, wie es jüdischen Menschen ergeht.

Antisemitismus ist kein Phänomen der Vergangenheit.

Wenn unser Gedenken jetzt und für morgen etwas bewirken soll, dann darf uns nicht egal sein, dass in bestimmten Bezirken deutscher Städte sich Passanten heute besser nicht als Juden zu erkennen geben. Dann darf uns nicht egal sein, wenn der sogenannte UNO-Menschenrechtsrat von Menschenrechtsverächtern zur Bühne eines antiisraelischen Schmierentheaters gemacht wird. Dann darf uns nicht egal sein, wie in den Medien und auch an Stammtischen über den einzigen Staat geredet wird, der Juden die Aufnahme garantiert. Damals wollte niemand die Juden aufnehmen. Dass es den Staat Israel heute gibt, den so viel geschmähten, als aggressiver Friedensstörer in die Ecke gestellten, verändert die Qualität jüdischen Lebens weltweit, und zwar auch für solche Juden, in deren Lebensplanung eigentlich nicht vorkommt, hinauf nach Jerusalem ziehen zu wollen.

Der Holocaust sei eine Erfindung der Zionisten. Wer das hier behauptet, kommt vor Gericht. Gut so. In Syrien zum Beispiel steht so etwas in der Zeitung – und, wohlgemerkt: Was dort in der Zeitung steht, bestimmt die Regierung. Wir nehmen das nicht zur Kenntnis. Von unserem bequemen Wohnzimmer aus fordern wir israelische Kompromissbereitschaft. Als ob das Leugnen des Holocaust nicht das Begehren spiegelte, den Holocaust zu vervollständigen.

Besonders Gute, in ihrem Selbstbild durch nichts Anfechtbare fragen angesichts vermeintlich überzogener israelischer Gewalt, ob die Juden aus ihrer Geschichte denn nichts gelernt hätten.

Als ob der Holocaust ein pädagogisches Programm gewesen wäre und es Deutschen obliege, diesbezüglich Lernziele zu kontrollieren.

Da wachen die Kinder der Täter darüber, dass die Kinder der Opfer nicht rückfällig werden, hat einer gesagt. Es traf.

Kritik am Israel darf wohl sein, denn Juden sind Menschen, und Menschenwerk ist kritikabel.

Nur heißt „Kritik“ eben „Unterscheidung“ und ist erst dann Kritik, wenn sie gegebene Umstände berücksichtigt. Darauf haben heutige Juden ein Recht: Mit demselben Maßstab gemessen zu werden wie andere Menschen. Ständig belauert zu werden, ob jüdisches Verhalten womöglich Vorwände liefert zu moralischer Revanche, das lässt Juden heute wieder nicht Menschen sein.

Wer das an einem 9. November nicht sagt, hat das Gedenken ritualisiert und stiehlt sich aus der Verantwortung. Darum sage ich es, denn nur zum Wohlfühlen sind wir nicht zusammen, und Lehren aus der Geschichte, die nicht anstößig wären, nicht gängigen Vorurteilen widersprächen, wären keine Lehren aus der Geschichte.

Im Juden erscheint der Mensch, hat der Theologe Karl Barth geschrieben.

Die jüdische Überlieferung ist ärgerlich. Die jüdische Bibel mutet mir zu, mich zu sehen. So, wie ich bin: Ein echter Mensch. Kein Übermensch oder gar Herrenmensch.

Die Bibel erzählt von Menschen, die Großes leisten und sich verfehlen, die aufbauen und zerstören – und am Ende nur eines brauchen: Einen gnädigen Gott. Einen Gott, der seine Ehre, ja sein Leben darein setzt, dass er den Menschen leben lässt. Einen Gott, dessen Gericht Gnade ist und dessen Herrlichkeit nichts als Leidenschaft für das Leben. Ein solcher Gott will Partner, nicht Sklaven. Menschen, die aufrecht Geschichte machen, ihren Fehlern zum Trotz.

Die heute viel beschworene „Jüdisch-christliche Kultur Europas" bestand, ehrlich besehen, darin, dass über Jahrhunderte die einen die anderen verfolgt haben, gipfelnd in dem, was vor 70 Jahren geschah. Es wäre verlogen und heuchlerisch, von einer christlich-jüdischen Symbiose im Abendland zu sprechen. Das ist jeder romantisierenden oder ideologisch-nützlichen Verbrämung der abendländischen Geschichte entgegen zu halten.

Und doch ist es so einfach auch wieder nicht: Denn das Christentum hat jüdische Grundlagen in der Welt ausgebreitet. Dem Abendland hat das zum Vorteil gereicht.

Der eine, dem Menschen freundlich zugewandte Gott.

Die unendliche Bedeutung des einzelnen Menschen, gerade in der menschlichen Gebrochenheit und Zwiespältigkeit.

Das Recht, wiederum gerade des Einzelnen.

Ohne, dass das Christentum das biblische Menschenbild verbreitet hätte, gäbe es heute den Kanon der allgemeinen Menschenrechte nicht. Die Kirchen haben sich bestimmt nicht als Vorkämpfer für die individuelle Freiheit hervorgetan. Dennoch haben sie in der Dialektik der Ausbreitung des Freiheitsgedankens aus der jüdischen Bibel in die Welt hinein eine unverzichtbare Rolle gespielt.

„Wir wären keine Menschen, wenn wir nicht an das Recht glaubten als einen späten, vielleicht erst jenseitigen, aber sicheren Trost."

Der Satz stammt von dem deutsch-israelischen Autor Chaim Noll. Noll ist nur zuzustimmen, wenn er dem christlich lackierten Allversöhnungsfestival entgegen tritt. So wenig Leben ohne Gnade und Nachsicht möglich wäre, so verkommen wäre ein Leben, in dem die Unterscheidung zwischen Recht und Unrecht außer Kurs geriete. Zur Würde des Menschen gehört zweierlei in diesem Zusammenhang: Die Anerkennung ihm zugefügten Unrechts – und ebenso die Anerkenntnis selbst begangener Taten, denn Würde und Verantwortung fallen in eins.

Das jüdische Bestehen auf dem Recht begründet Urteilsvermögen. Mangel an Urteilsvermögen ist Dummheit, Urteilsvermögen zu schaffen, primäre Aufgabe von Erziehung.

Der Schock der NS-Zeit jedoch hat dazu geführt, gegenüber Kulturen indifferent zu werden. War nicht alles gut, besser als das Eigene, wenn es nur fremd war und nicht deutsch? Dabei: Was war diese scheinbare Fremdenliebe, die dem Gegenüber ehrliche Begegnung und Auseinandersetzung verweigerte und ihn so als Menschen verachtete, Anderes als die Spiegelung von Fremdenhass? Mit einem Menschen, den ich respektiere, setze ich mich auseinander.

Die Folge war ein Laisser-faire, das sich um gesellschaftliche Folgekosten nicht kümmerte.

Der Mangel an Urteilskraft im Namen vermeintlicher Lehren aus der unserer Geschichte hat es zugelassen, dass ganz konkreter Judenhass in unserem Land erneut Platz gegriffen hat. Ich fürchte, gerade das Beschwören der allerbesten Absichten im Angesicht der NS-Vergangenheit kann heute Feigheit und Indifferenz zum Alibi dienen. Unser Reden heute muss sich an seiner Konkretheit und Verbindlichkeit messen lassen. Sich heute wohlzufühlen in Betroffenheit angesichts des Damals und es dabei zu belassen – das wäre entschieden zu wenig.

Dieser Veranstaltung wurde vorgeworfen, dass sie „verstört“. Ich gestehe: Das habe ich als Kompliment genommen. Denn Verstörung bringt zum Nachdenken. Verstörung falscher, ungeprüfter Gewissheiten ist Voraussetzung für aufgeklärtes politisches Handeln.

Jawohl, wir verstören diejenigen, die sich in dem Wohlgefühl einrichten, besser zu sein als ihre Vorväter vor 70 Jahren – und daraus heute doch keine unpopulären Konsequenzen ziehen.
Jawohl, wir verstören diejenigen, die meinen, es genüge „Frieden, Frieden!“ zu rufen oder „Ende der Besatzung und der Friede bricht aus!“ oder „Bundeswehr raus aus Afghanistan!“ – und die Welt wäre heil.
Wir verstören – und öffnen damit womöglich der Einsicht das Tor. Anderes könnte ich an diesem Datum vor den Ausgegrenzten und Ermordeten von damals nicht verantworten.
Verstörend ist die Konfrontation unserer Menschlichkeit mit dem so übel beleumundeten Alten Testament: Gideon, Jephta, Simson – Menschen wie wir, ob es uns bequem ist oder nicht!
Wenn irgendetwas unser Lernziel sein kann an diesem Abend, dann ist es Courage, Bereitschaft, den Mund aufzumachen und anzuecken, Konflikte nicht zu scheuen, wo Eintracht mit Lüge und Verbiegung erkauft wird.
Nach sechzig Jahren Demokratie ist Rückgratsteifigkeit nicht gerade eine Volkskrankheit. So tut das Verstören weiterhin Not.
(2009)

Steh auf und iss!

Gottesdienst zur Abiturfeier

...denn du hast einen weiten Weg vor dir.

1. Könige 19,7

Liebe Abiturientinnen und Abiturienten!

Das Ende der Schulzeit ist ein krisenhafter Übergang. Vieles wird in Eurem weiteren Leben nie mehr so sein, wie es 12 oder 13 Jahre gewesen ist. Kein von dem scheußlichen Gong im 45-Minuten-Rhythmus geregelter Tageslauf mehr, kein täglich vorgeschriebener Lernstoff, kein Sich-Ducken unter der Willkür pädagogischer Despoten, aber auch kein Erzählen von den Schulerlebnissen am Mittagstisch, kein gemeinsames Lästern über die Schwächen der Lehrer, auch kein Bekannten- und Freundeskreis mehr, der sich aus der großen Schar von Leidensgenossen rekrutiert. Das alles ist vorbei. Die Zwangsgemeinschaft Schule mit ihren harten und ihren wärmenden, schützenden Seiten ist für Euch Geschichte. So reglementiert und so behütet wird Euer Leben nie wieder sein, abgesehen vielleicht vom Militärdienst – und abgesehen von der Möglichkeit, eine Schwiegermutter zu erwischen, die sich aufs Reglementieren und Behüten versteht. Ob nun der Ernst des Lebens beginnt, will ich nicht entscheiden. Ernst war es bisher auch schon oft genug. Aber etwas Neues fängt auf jeden Fall an, heute, wo Ihr das Zeugnis der Reife in die Hand bekommt. In ungekanntem Ausmaß seid ab sofort Ihr persönlich gefragt, wenn es um Euer persönliches Leben geht.

„Steh auf und iss, du hast einen langen Weg vor dir!“

So spricht im Alten Testament, im 1. Buch der Könige, Gott zu Elia. Auch der ist in einer Krise. Er hat Großes vollbracht und hat dennoch die eigenen Grenzen erfahren. Er weiß nicht mehr weiter. Vor ihm liegt einschüchternd Unbekanntes.

„Steh auf!“ Ein hartes Wort für den, der in der Krise steckt und sich lieber wegducken möchte vor dem Sturm des Kommenden. Nicht ganz so selbständig sein zu müssen: Manchem mag das verlockend scheinen in der Krise des Übergangs. Vor dem biblischen Gott aber wird gestanden. Das ist ein zwar bedingungslos liebender, doch kein trottelhaft lieber Gott. Er will Menschen, die seine Partner sind, nicht zu Boden geworfene Sklaven. Er gibt – und fordert! Er fordert, dass ich meine Freiheit, mein individuelles Leben annehme mit seinen Begabungen, Chancen und seinen Schwierigkeiten. Meine eigene Person ist herausgefordert, unvertretbar „Ich“. Wo ich gefragt bin, scheidet die Ausrede: „Man meint und alle tun“ aus. Meinen Weg soll ich gehen, so, dass diese Erde am Ende meiner Zeit erkennbar meine Spuren trägt – zum Wohle aller. Ja, das hat mit Arbeit und Anstrengung zu tun, mit dem Risiko, das damit verbunden ist, sich persönlich einzusetzen und sich auszusetzen. Sich namenlos einem Kollektiv einzugliedern, wäre billiger.

Zu nichts anderem ist Schule da: Menschen auf den Weg zu schicken. Was eine Schule taugt, zeigt sich, wenn sie vorbei ist. Nicht das Schulleben entscheidet über die Qualität von Schule, sondern wesentlich der Neigungswinkel derer, die aus der Schule ins Leben treten. Kommen da aufrechte Menschen heraus oder solche, die zuerst das Sich-Wegducken gelernt haben und das ehrliche Wort nur wagen, wenn Reaktionen nicht zu befürchten sind? Wurde kritisches Erschließen der komplexen Welt vermittelt oder die Beliebigkeit ideologischer Phrasen? Wie viele würden lieber auf Selbstverantwortung verzichten, wären lieber farblich zu kurz gekommene Papageien als streitbare Bürger mit begründeten Positionen? Dass dies womöglich nicht so wenige sein könnten, ist eine reale Sorge.

Vor dem Gott Israels wird gestanden, auch im Bewusstsein der eigenen Fehler und Schwächen. Niemand muss perfekt sein, weil kein Mensch perfekt ist. Selbstzweifel und Erschrecken über sich selbst gehören zu erworbener Reife. Ein „perfekter“ Mensch bin ich da, wo ich gnädig angesehen bin. Was mich selbst betrifft, werde ich immer eine wilde Mischung aus guten Ansätzen und schlimmen Irrtümern bleiben. Heuchelei kann ich mir sparen, wenigstens vor Gott.

Der biblische Gott wendet sich dem Einzelnen zu. Und er schenkt, bevor er fordert. Er schenkt sich selbst: Das Kreuzzeichen steht dafür. Er ganz für mich, so dass ich erhobenen Hauptes Ich sein kann vor ihm und vor den Menschen. Trotz allem, was bei mir schief ist, kann ich frei und mutig über diese Erde laufen. Und ich kann dafür eintreten, dass auch andere Menschen aufrecht gehen. Nicht zufällig setzte sich die moderne Demokratie in dem Kulturkreis durch, der vom biblischen Menschenbild geprägt wurde; und darauf, dass im biblisch geprägten Kulturraum Zweifel, kritische Prüfung und begründeter Widerspruch erlaubt, ja mehr noch: ausdrückliche Erziehungsziele sind, bin ich stolz.

Einmal endet jede menschliche Zuständigkeit, so heute die Zuständigkeit der Schule für Euch. Dennoch aber: Die Lehrerinnen und Lehrer, auch ich mit meinen zwei, nunmehr vier Wochenstunden, wir werden immer diejenigen sein, bei denen Ihr gelernt habt. Die Art, wie Ihr fortan Euer Leben angehen und bestehen werdet, wie Ihr mit Euch und mit anderen Menschen umgeht, fällt auf uns zurück. Lesen, Schreiben, Rechnen, fremde Sprachen beherrschen – das sollt Ihr als ehrlich erworbenen Besitz mitnehmen. Doch darin erschöpft sich die Verantwortung der Schule längst nicht: Es macht uns Ehre, es zeugt für uns, wenn Ihr im Leben zeigt, dass jeder und jede von Euch „Ich" sagen kann. Der eigene kritische Verstand ist nicht das geringste Geschenk Gottes an jeden einzelnen Menschen, und es wäre eine Schande, dieses Geschenk nicht durch fleißigen Gebrauch zu würdigen. Euch und uns ehrt es, wenn Ihr prüft und hinterfragt, nicht auf billige Heilsversprechen hereinfallt, wenn niemand von Euch je die Verantwortung für das eigene Leben an ein autoritäres Regelsystem abtritt, wenn Ihr kritisch hinhört und nicht nachplappert, Scharlatane von halbwegs Redlichen unterscheidet – gerade in Wahljahren wie diesem –, wenn Ihr Kraft und Mut habt, Menschlichkeit dort zu leben, wo die Menge spottet und verachtet. Eurer Schule macht es Ehre, wenn Ihr Höheres kennt als Geld und Karriere, wenn Euch der aufrechte Gang etwas wert ist.

Der Schule und allen, die Euch auf dem Weg bis hierher geprägt haben, macht es Ehre, wenn Ihr nötige Konflikte austragt, selbst unter dem Risiko, dadurch in ein unfreundliches Licht zu geraten. Achtung des Nächsten wird darin gelebt, ihn als Partner herauszufordern, ihn als Gegenüber ernst zu nehmen, sich selbst ein- und auszusetzen. Gleichgültigkeit wäre respektlos und schleichendes Gift im Körper der Demokratie. Es gereicht uns schließlich aber zur Ehre, wenn Ihr nie vergesst, dass kein Mensch aus seiner Haut kann, dass jeder gefangen ist in seinen Unzulänglichkeiten, in seiner Angst und – wie Schüler und Lehrer – am Ende auf ein gnädiges Urteil angewiesen bleibt. Als solchermaßen bescheidene, über sich aufgeklärte Menschen aufrecht zu gehen, das ist das Zeugnis der Reife, das Ihr selbst Euch ausstellen könnt im Leben. Gönnt Euch selbst und gönnt anderen Menschen, Menschen zu sein: Unvollkommen, irrend und schuldig, aber dazu berufen, das Leben zu gestalten mit Mut und Fantasie, im menschlichen Maß, verzeihend und ermutigend, weitergebend, was uns gnädig vom Ursprung her geschenkt ist.

Gott befiehlt dem Elia: „Iss!“ Er hat ihm einen Krug Wasser und geröstetes Brot hingestellt.

Ihr habt geistige Nahrung bekommen, Rüstzeug für den Weg. Jetzt nutzt sie, zehrt davon!

Ich trete wohl niemandem der Frischgeprüften und auch keinem Lehrerkollegen zu nahe, wenn ich behaupte: Von dem Stoff, der noch vor gerade einer Woche abgeprüft wurde, ist ein großer Teil schon wieder vergessen. Zuweilen wird für Prüfungen gelernt – auch dies eine lebensrelevante Erfahrung! Was aber wirklich Wegzehrung sein kann, ist eine lernfreundliche und kritische Grundhaltung. Wenn Schule etwas taugt, dann hat sie neugierig gemacht, lebenslang Lust gestiftet am Suchen, Fragen und In-Frage-Stellen.

Ein langer Weg. Euer Leben. Der Weg mag lang sein, aber Ihr geht ihn ein einziges Mal. Jeder Tag ist der letzte mit seinem Datum. Und jeder Tag bietet die einmalige Möglichkeit, genau diesen Tag zu nutzen. Um heute ein Vorurteil zu überprüfen. Um heute etwas zu lernen oder zu bauen. Um heute jemandem zu helfen, auch mit nötiger Kritik, oder einfach ein freundliches Wort zu sagen.

Wohl, ich glaube, dass nach diesem Leben etwas kommt, etwas sehr Schönes. Aber dieses Leben hier wird dadurch nicht entwertet, ganz im Gegenteil! Jeder Tag ist Dir geschenkt, damit Du ihn lebst. Tu es und zeige, dass Du mit Deinem Leben etwas anfangen kannst, auch außerhalb der Zwangsgemeinschaft Schule. Zeig, dass Du das Zeug hast, diese Erde ein klein wenig vernünftiger, menschlicher und freier, ein klein wenig gerechter und womöglich fröhlicher zu machen.

Frei von Enttäuschung kann kein Lebensweg sein. Das hat wohl auch die Schulzeit gelehrt. Zu einem wirklich reichen Leben gehören die Rückschläge, Zweifel und Dunkelheiten genauso dazu wie die Erfolge.

Eltern und Lehrer können stolz sein, heute auf diesem Fest: Junge Menschen, mit eigenen Gesichtern, mit Köpfen, die Einzelstücke sind, mit Perspektiven und Hoffnungen, mit Ideen und Kraft, um diese Welt zu gestalten.

Steht auf, setzt das ein, was Ihr mitbekommen habt, Ihr habt einen weiten Weg vor Euch! Gott befohlen! Amen.

(2009)

Alles hat seine Zeit

Trauerfeier für einen Neuntklässer

Alles hat seine Zeit: Das weiß der Prediger am Hof des Königs Salomo im Alten Testament. Geboren zu werden und Sterben, Finden und Verlieren, Aufbauen und Zerstören. Alles das hat seinen Platz unter dem Himmel. Mich tröstet es, dass da nicht nur das seine Zeit haben soll, was wir gemeinhin für gut halten, also Finden, Aufbauen und Gewinnen. Auch das Unerfreuliche – Streit, Verlust, Abbruch – darf sein unter den Augen Gottes.

Rolf* hatte seine Zeiten: Geburt und Tod, Freude und Enttäuschung, Dazu-Gehören und Draußen-Sein.

Wenn alles im Leben seine Zeit hat, dann ist ein echter Mensch doch wohl der, der seine Zeiten lebt und damit *keinen* großen Plan verwirklicht. Ein Mensch ist einer, bei dem es *nicht* aufgeht. Einer, der in sich Widersprüche trägt. Ein Mensch findet und verliert sich, gewinnt und zerstört. Ein Mensch ist angreifbar und verletzlich.

Rolf war ein Mensch. Und offenbar litt er daran. Mehr, als wir andere Menschen merkten.

Offenbar wurde diesem Menschen zugesetzt, er hielt es nicht mehr aus, zumindest an diesem verzweifelten Sonntagnachmittag.

Doch hüte sich jeder, Schuld zuzuweisen und sich dadurch selbst von Schuld loszusprechen.

Können Menschen schuldlos bleiben aneinander? Kann man miteinander umgehen und dabei Enttäuschung und Missverstehen wirklich vermeiden? Ich behaupte: Aus keiner Begegnung mit anderen Menschen komme ich völlig ohne Schuld heraus. In jeder Unterrichtsstunde hier werde ich an Menschen schuldig,

---

* Name geändert.

weil ich ganz zwangsläufig nicht genügend auf ihre je eigene Art eingehe, weil ich Schablonen anlege, die in keinem Einzelfall wirklich passen. Dass die Umstände es nicht anders erlauben, ändert nichts daran, dass Menschen beschädigt werden.

Jeder, der ehrlich zu sich selbst ist, wird dankbar sein, wenn wenigstens die großen Folgen seiner Fehler ausbleiben.

Zum Menschsein gehört es, abzuweichen von der Norm und – Fehler zu machen. Perfekt sein zu wollen, ist unmenschlich. Das haben vergangene Woche ein paar meiner Abiturienten in unserer letzten Kursarbeit geschrieben. Immerhin! Ein Zeugnis menschlicher Reife, jenseits allen abprüfbaren Lernstoffs! Weder Tier noch Maschine fallen individuell aus dem Rahmen. Dass zum Menschsein aber Angriffsflächen gehören, dass ein Mensch erst durch seine Schwächen zum Menschen wird: Diese Einsicht ist ein Fremdkörper im Schulleben, wo Fehler mit Punktabzug und geschmälerten Lebenschancen quittiert werden und überdies die Gruppe keine Abweichung hinnimmt, ohne auf dem Abweichler herum zu hacken.

Dass alles seine Zeit hat, steht in der Bibel nicht für „alles egal“. Alles darf sein, weil unsere Zeiten in einer Hand sind, die uns nicht fallen lässt. Ein Anderer vollendet, was bei mir Bruchstück ist. Der ist für mich, bedingungslos. Was er mir am Ende präsentiert, wird nicht das Zeugnis nach dem Grad meiner Perfektion sein, nicht der Lohn für geleistete Anpassung, sondern seine Liebeserklärung.

Eine Antwort, warum das Leben von Rolf so früh und so grausam endete, weiß ich nicht. Aber ich will mich daran halten, dass auch diese Zeiten ihren Platz haben unter dem Himmel. Selbst die allerletzte Verzweiflung hat Rolf nicht aus der Hand Gottes herausgerissen. Das glaube ich.

Er hatte seine Zeit, hier mit uns zu leben, seine Schritte über diese Erde zu gehen. Und er hatte seine Zeit, von uns zu gehen.

Wer weiß: Vielleicht war genau diese Zeit des furchtbaren Abgangs die Zeit für Rolf, Land zu gewinnen. Sein Land. Vielleicht hat, als Rolf uns entrissen wurde, der Andere gesagt: Komm heim!
Rolf wird uns in der Erinnerung begleiten. Es wird des Schönen, aber auch des Bösen gedacht werden, wenn sein Name, sein Gesicht, seine Stimme in unser Gedächtnis treten. Unter dem Himmel hat alles seine Stunde. Rolf war ein Mensch, angreifbar und verletzlich, aber auch mutig und voll Freude. So, wie Menschen sind. Amen.
(2009)

Kirche weiß, worauf sie wartet

Ordination am Sonntag Miserikordias Domini

Der Gott des Friedens, der den großen Hirten der Schafe, unseren Herrn Jesus Christus, von den Toten heraufgeführt hat durch das Blut des ewigen Bundes, der mache euch tüchtig in allem Guten, zu tun seinen Willen, und schaffe in uns, was ihm wohlgefällt.
Hebräer 13,20f

Liebe Gemeinde!
Kaum etwas, das des Theologen Herz erfreut, fehlt in dem für heute vorgeschlagenen Predigttext. Gottes Friede, Christus der Hirte der Gemeinde, Auferstehung von den Toten, der ewige Bund mit Israel, das rechte Tun schließlich – in nur zwei Versen versammeln sich Begriffe, mit denen leicht ein theologisches Gesamtkonzept aufgerissen werden könnte. Die Versuchung ist groß, zumal für einen, der soeben zum Verkündigungsdienst ordiniert worden ist, hier eine ge-

waltige programmatische Rede zu halten, Ziele zu bestimmen, sich durch ein Handlungskonzept zu profilieren. Die Versuchung ist groß, und klein wäre der Schritt dahin, sich zu überheben, Grundsätze auszusprechen, denen man nie genügen könnte.

Genau besehen warnt der Autor des Hebräerbriefes vor solchem Umgang mit seinen theologischen Begriffen. Entscheidend ist nämlich, wem er zuschreibt, dass das Gute geschehen soll. Entscheidend ist, von wem er erwartet, dass Ziele verwirklicht werden. Was das angeht, was die Empfänger des Briefes selbst tun, sehe ich bei genauem Hinsehen eine Fehlanzeige. Nicht die Angeredeten schaffen den Frieden. Nicht die Angeredeten hüten verantwortlich die Gemeinde. Nicht die Angeredeten garantieren den Bestand des Bundes. Nicht sie selbst stehen dafür ein, dass Gottes Wille getan werde.

Nein, nicht sie: *Gott* mache euch tüchtig, heißt es. Er schaffe in den Menschen das, was ihm gefällt. Durch Jesus Christus, seinen lieben Sohn, möge das geschehen, nicht durch Kraftanstrengung der Menschen selber.

Jesus Christus – dieser Name sagt, worum es bei dem allen geht. Es geht nicht um Reform menschlicher Gemeinschaft, um den neuen, vielleicht besseren Versuch, um das klügere Konzept. Es geht um das Unerhörte, um das Menschen-Unmögliche. Von den Toten heraufgeführt ist Jesus Christus. Da ist ein leeres Grab, ein Hingemordeter, der am Morgen des dritten Tages das Leben hat, der das Leben selber ist. Das Grab ist nicht Endstation, sondern Quelle neuen, wahren Lebens. Unmöglich ist das nach den Gesetzen der Welt, unmöglich und darum den Neunmalklugen ein Ärgernis. Unmöglich ist das leere Grab des Ostermorgens, und doch steht es für die Wahrheit, um die es im Letzten geht. Der Hingemordete wieder lebendig! Kein Hingemordeter soll fortan in den Klauen des Todes bleiben, keiner soll mehr für immer im Nichts verschwinden. Darum geht es im Letzten. Und darum gebührt Christus die Ehre, ihm allein. Wer sich darauf einlässt, der sieht das große Geschenk, sieht das, was er selbst nicht schafft und was niemand in ein Programm fassen kann. Das ist die Fehlanzeige. Doch genau daraus kommt Hoffnung für die, die sich drauf einlassen.

Diese Fehlanzeige macht mir Mut, nun doch ein wenig grundsätzlich über das nachzudenken, was es mit der Kirche und mit dem Dienst in der Kirche auf sich hat. Zuallererst, scheint mir, darf ich davon sprechen, was *nicht* Sorge und Aufgabe der Kirche ist. Es geht um die große Freiheit, die Kirche auszeichnet und die ich loben will.

Nicht Sorge der Kirche ist erst einmal ihre Dauer, ihre Zukunft. Dass die Gemeinschaft der Christinnen und Christen dauern wird, bis der Herr kommt in Herrlichkeit, das ist *sein* Versprechen. Ich bin bei euch alle Tage, hat er gesagt. An ihm hängt das Überleben der Kirche, an ihm, nicht an uns. Ewig ist der Bund, den er mit den Menschen geschlossen hat und den die Taufe besiegelt.

Die Zukunft der Kirche ist Jesus Christus selbst. Sein Ostermorgen bestimmt das Ziel, zu dem Gottes Volk unterwegs ist. Sein unmögliches und doch wahres leeres Grab, den Gesetzen und Zwängen dieser Welt ewig überlegen, den Neunmalklugen ein Ärgernis. Das ist die Zukunft. Das heißt aber, dass nicht wir Christen uns eine Zukunft beschaffen müssen. Nicht wir nach unserem Ermessen tragen Sorge dafür, dass Kirche eine Zukunft habe. Wir haben eine Zukunft, und zwar die allerbeste!

Das Vorhaben, aus eigener Kraft, nach eigenem Programm Zukunft zu gewinnen, ist gelebtes Misstrauen gegen den lebendigen Herrn, gegen Ostern. Marketingkonzepte und Aufbauprogramme mögen an ihrem begrenzten Platz ihr Recht haben. Wohin Kirche aber entscheidend unterwegs ist, das bestimmt ein anderer. Auf seinem Weg sind wir als Kirche, oft eindeutiger, als wir ahnen. Unserm Planen, auch unserm Fühlen bleibt der ewig überlegen.

Ach ja, das Fühlen: „Wer nicht hören will, muss fühlen“ – diese Weisheit ist bei den Pädagogen längst nach dort entsorgt, wo sie hingehört. Doch bei Kirchens, scheint mir, suchen allzu viele das Heil immer noch und immer wieder in Erlebniskultur, in Lichterprozessionen, in vermeintlich gehaltvoller Stille, im organisierten Fühlen. Dem Wort, dem rettenden und aufrichtenden Wort, einst feste Burg der Protestanten, wird das Retten und Aufrichten nicht mehr recht zugetraut. Dabei: Wo immer das klare und eindeutige Wort zündet, wo ihm vertraut wird, da ereignet sich Leben.

Freilich: Dass Ostern unsere Zukunft ist, erlaubt der Kirche und gerade ihren hauptberuflichen Dienern nicht, faul oder beliebig zu werden. In der Zusage von Ostern, dass Gott die Zeit trägt, bis einst alle Gräber sich öffnen, liegt der Auftrag, davon Zeugnis zu geben. Verbindlich und unmissverständlich sei das Zeugnis, in Wort und Tat. Den Menschen muss gesagt werden, worum es im Letzten geht. Gesagt soll es werden mit Herzen, Mund und Händen. Billig lassen sich Gottes Treue und Gnade nicht haben. Aber das Zeugnis von Ostern geben wir in der Freiheit, auch Rückschläge einstecken zu können. Predigt kennt keinen messbaren Erfolg. Wie vermessen und anmaßend wäre es, wollte ich einen Gottesdienst „gelungen" nennen. Kann ich erkennen, was im Herzen eines Menschen vorgeht? Ein lange ausgefeiltes theologisches und rhetorisches Glanzstück kann Menschen alles vorenthalten, was sie an Trost brauchen. Und schlecht vorbereitetes Gestammel hat vielleicht einem Menschen einmal genau das befreiende Wort gebracht, genau das vermittelt, was Leben wieder möglich machte. Das ist das Ungewisse, manchmal Belastende am Predigen. Genau das ist es aber, was ich am Predigen loben will. Was meine Predigt letztlich ausrichtet, steht nicht in meiner Macht. Schlimm wäre es, wenn's so wäre, wenn ich es letztlich schaffen müsste. Doch es liegt in der Hand eines anderen, in einer guten Hand. Predigt geschieht in Freiheit, in der Freiheit einer großen Zusage. Keine Zustimmungsquote sagt etwas darüber aus, ob Predigt wirklich etwas taugt, wirklich ankommt. Deshalb, liebe Gemeinde, kann Predigt getrost unmodern sein, und – o weh – auch ganz und gar unausgewogen. Denn Predigt sagt das Menschenunmögliche, das, was sonst niemand sagt. Wehe, sie sagte es nicht und verließe sich auf ihre eigene Klugheit!

Gott hat seinen ewigen Bund nicht mit Siegertypen geschlossen, sondern mit einem kleinen, verachteten Volk, das er erst einmal aus der Sklaverei befreit hat. Gottes Geschichte mit diesem Volk kennt keine strahlenden Helden, keine Erfolgstypen, fast nur zwielichtige Gestalten. Bis heute verstehen die Juden es schlecht, beliebt zu sein. Eine werbetechnische Meisterleistung war es bestimmt nicht, ausgerechnet sie zum ersten Volk des Bundes zu machen. Und doch soll gerade in der Geschichte dieses Volkes für alle Menschen Heil verborgen liegen. Auch wenn der Satz in unserer Landeskirche einmal hochoffiziell verboten war und heute vielen nicht passt: Das Heil *kommt* von den Juden. Es kommt von dort, wo Generation um Generation in Gottes Geschichte steht. Für die kommende Herrlichkeit aufgespart sind sie, hat mal einer gesagt, aufgespart gerade in ihrem Nein zur Predigt der Kirche. Ohne die Juden ist der Gott Israels, der Vater Jesu Christi, nicht zu haben.

Ich lobe die Kirche, weil sie den Menschen das sagen darf, was sonst niemand sagt. Die reformatorische Einsicht von der Rechtfertigung des Gottlosen aus Gnade allein hat nichts von ihrer Sprengkraft eingebüßt. Wer ein bisschen Erfahrung in der Seelsorge hat, der weiß, wie wichtig Menschen das ist: Rechtfertigung. Vielleicht tragen Menschen heute weniger an der ausdrücklichen Frage nach dem gnädigen Gott, also an der Frage, die Martin Luther im Kloster keine Ruhe ließ. Doch was Gnadenlosigkeit ist, das wissen Menschen heute allerdings. Welchen Druck übt eine Wirtschaft aus, für die ein Mittfünfziger endgültig altes Eisen ist! Welchen Druck erzeugt familiäre und berufliche Mehrfachbelastung. Was richten Sportlichkeitskult und Schlankheitswahn bei vielen Menschen an – körperlich und seelisch! Welchem Druck sind schon Kinder in der Schule ausgesetzt, wo Auslese immer härter schon bei den ganz Kleinen beginnt. An der Berufsschule habe ich in Klassen, wo diejenigen zusammensaßen, denen ein paar Mal schon die Lehre verunglückt war, gespürt, welche Sehnsucht da ist nach einem „Du bist gut!" Du bist anerkannt, einer akzeptiert dich, so wie du bist. Du musst dich nicht verstellen, keine Leistung bringen, um ein Ja zu hören.

Die andere Stimme, die die Stimme des Ostermorgens ist, die Leben zuspricht als reines Geschenk – welche Labsal ist diese Stimme für Menschen heute! Gottes Kind bist du, sagt diese andere Stimme. Du bist einem recht, egal, ob du sonst beliebt bist oder nicht. Egal, ob du erfolgreich bist und bei den Menschen anerkannt. Egal, ob du selbst dich leiden kannst. Einer steht bedingungslos zu dir. Der hält zu dir, selbst dann, wenn du mit ihm gar nicht gut stehst. Sein Ja ist größer als jedes Nein. Bei dem entscheidet nicht Erfolg oder Misserfolg darüber, wer du bist. Und das ist nicht irgendeiner, nein, das ist der Schöpfer Himmels und der Erde selbst. Das sagt niemand in einer Welt, wo es aufs Mitkommen und Ankommen ankommt. Das sagt niemand, wo gnadenlose Sich-selbst-Beobachterei dem Beobachtet-Werden durch andere noch die letzte Verzweiflung hinzufügt. Aber die Kirche des Evangeliums, so sie bei ihrer Sache ist, so sie zur Rechtfertigung aus Gnade allein steht, die sagt das. Wer hören darf, der muss nicht fühlen müssen.

Unsere Welt sieht anders aus, wenn sie in das evangelische Licht der Zukunft Christi gestellt wird. Leben ist mehr als Spaß und Fitness, mehr als Mitmachen, mehr als messbarer Erfolg. Aufgespart ist Gottes erstes Bundesvolk, aufgespart ist die ganze Welt für ein Leben in Freiheit, für ein Leben ohne Angst. Der menschenunmögliche Ostermorgen schenkt der Leistungsgesellschaft und der Spaßgesellschaft, die ihre ganz eigenen Leistungszwänge erzeugt, das große: Es ist gut mit den Menschen.

Ich gebe mich nicht der Illusion hin, als gingen Menschen innerhalb der Kirche anders, besser miteinander um als anderswo. Herrschsucht, Missgunst, Ränke gegen Kollegen – das dürfte bei uns nicht seltener sein als etwa in einem Industriebetrieb. Wer Pfarrer für besonders verträgliche, geschwisterliche Menschen hält, der kennt unsere Behörde nicht von innen. Kirche ist nicht die Insel der schon Erlösten im Meer der Zeit, sondern Kirche ist Teil der auf Erlösung wartenden Welt. Aber immerhin: Dort weiß man, oder sollte man doch wissen, dass es Grund gibt zum Warten. Dort weiß man um die bestimmte Zukunft, die einen

Namen hat. Und dafür will ich Kirche loben: Dass sie um *die* Zukunft weiß, von der aus die Gegenwart ein Ziel bekommt, von der aus uns ein Licht leuchtet. Die Vollendung freilich gibt es jetzt auch in der Kirche nicht. Aber es gibt vielleicht doch ein Vorwärtsdrängen dahin, wo Gerechtigkeit und Freiheit sein sollen.

Der Erfolg, die Zukunft ist nicht unser Werk. Ob Predigt zündet, ob Handeln verstanden wird, das liegt letztlich nicht in unserer Hand. Darum sichert kein klug durchdachtes Programm die Zukunft der Kirche. Darum garantiert erst recht keine Gefühls- und Erlebniskultur ein Ankommen bei den Menschen. Aber die Zusage Gottes steht. Sein Ja ist größer als jedes Nein. Das Menschenunmögliche, dass der Hingemordete am dritten Tag schon Sieger ist über den Tod, das ist es, worum es im Letzten geht. Wer sich darauf verlässt, der wird Menschen das geben, was sonst niemand gibt. Der wird sich nicht in Programmen verrennen, sondern frei werden für die Geschichte des Gottesvolkes in der Zeit. Nicht der Kirche selbst ist Ehre versprochen. Würde sie für sich selbst ehrsüchtig, dann wäre sie wirklich in Bestandsnot. Doch sie hängt an einem anderen, der im Wort bei ihr ist. Der wird uns nicht verlassen, alle Tage bis zum Abend der Welt. Ihm sei Ehre von Ewigkeit zu Ewigkeit. Amen.

(2002)

Standort-Pfarramt

Verabschiedung aus der Gemeinde

Wisst ihr denn nicht? Hört ihr denn nicht? Ist's euch nicht von Anfang an verkündigt?
Jesaja 40,21 (12-25)

Liebe Gemeinde!
Allein schon das Wort hat es mir angetan.
„Standortpfarramt"!
Ich werde Standortpfarrer!
Ein Pfarrer, der einen Standort hat, eine Position, die sich benennen lässt.
Als ich studierte und Vikar war, war es Mode, sich „nicht-positionell" zu nennen. Über die Frage, ob derjenige, der nach allen Seiten offen ist, denn ganz dicht sein könne, lohnte sich der Streit selten.
Ob ich meinerseits nun ganz dicht bin, will ich nicht entscheiden, aber jedenfalls gebe ich zu: Ich bin positionell! Und darum scheint mir ein Standortpfarramt genau das Richtige für mich zu sein.
Freilich könnte es ja sein, dass eigentlich doch jedes Pfarramt ein Standortpfarramt sein sollte.
Eine nicht-positionelle Kirche würde das, was sowieso irgendwie fast jeder sagt, noch einmal sagen, irgendwie religiös verziert. Jemand brachte das einmal treffend auf den Punkt: So habe Kirche ein Amt – nur eben keine Meinung.
Dabei haben wir als evangelische Kirche doch etwas zu sagen. Und das ist viel mehr als eine Meinung, ist gar keine Meinung, bei Licht besehen. Haben wir doch einen Standort.

Einen Standort, so sicher und zugleich so angefochten wie die des Bekenners im Predigttext. Gott ist über aller Welt, so unsicher hier alles sein mag, so sehr hier alles nach Trost verlangt und Gewissheit ersehnt.
Unter dem Kreuz ist unser Standort. Dort, wo Gott ernst gemacht hat.
Wir stehen mit Paulus – und genauso mit dem Bekenner aus Jesaja 40 – in der Verlorenheit derer, die allesamt Sünder sind – und dennoch überhaupt keinen Grund haben, zu verzweifeln und sich verloren zu geben.
Ist jemand in Christus, so ist er eine neue Kreatur.
Gott ist über aller Welt und über allen Zweifel erhaben, das aber nicht aus unserer Erkenntnis und Leistung heraus, sondern aus Gottes Gnade und Treue ganz allein. Das ist der Standort einer Kirche, die aus der Reformation herkommt und sich immer noch auf die Reformation beruft.
Ein verlorener Posten, ein unhaltbarer Standort? Alles Reden von Gottes Gewissheit nur ein die Angst überspielendes Pfeifen im Walde?
Modisch war der evangelische Standort jedenfalls nie. Immer schon gab es mehr oder weniger gewichtige Einwände gegen die evangelische Verkündigung von der bedingungslosen Gnade. Immer schon wurde gefragt, wo denn ich selbst bliebe mit meiner verantwortlichen Entscheidung. Immer schon wurde auch die Frage nach der Gerechtigkeit des letzten Urteils gestellt.
Und immer hatte die evangelische Kirche, wenn sie ihre Sache recht bedachte, keinerlei Grund, vor diesen Fragen zu kneifen. Denn letztlich steht die Lebenserfahrung, mein ehrlicher Blick auf mich selbst, dafür, dass es einen anderen Weg in den Himmel nicht gibt, als eben die Gnade allein. Wer den Himmel haben wollte als Belohnung für ein bestimmtes Verhalten, der würde sich sehr über sich täuschen. Zum Glück muss ich weder auslöffeln noch ausbaden, was ich mir anrühre.
Gelegenheit zur eigenen Entscheidung und Verantwortung, die bekomme ich doch zur Genüge. Als ob es nicht reichen würde, wenn ich der großen Liebestat Gottes in meinem kleinen eigenen Handeln zu entsprechen versuche. Ich darf,

kann, muss meine Welt gestalten, kann, soll, muss dafür Sorge tragen, dass es hier in kleinen Schritten immer wieder ein bisschen menschlicher zugeht, dass ein klein wenig Vernunft und Freiheit Platz greifen. Da baue ich ein klein wenig mit an der kommenden Welt. Das ist genug für mich. Das große Himmelsgeschenk Gottes darf ich mir wirklich geschenkt sein lassen. Mensch bin ich nicht zuletzt im Erkennen meines Maßes.

Ob das nun von vielen, einer Mehrheit gar, gesagt wird: Tut das wirklich etwas zur Sache? Ist 2 und 2 gleich 4, weil die Mehrheit zustimmt? Oder gilt das nicht selbst dann, wenn im Zuge bestimmter Auswüchse der Reformpädagogik die Abstimmung in der Gruppe anders ausgehen sollte, „2 und 2 gleich 5“ zum Beispiel – eine vorstellbare Mehrheitsmeinung heutzutage!

Ist Jesus am Ostermorgen auferstanden, weil eine Mehrheit, aus welchen Motiven auch immer, diese religiöse Formel gut heißt – oder nicht vielleicht doch, weil der große Schöpfer es aus reiner Leidenschaft zum Leben so wollte?

Rücksichtnahme auf Mehrheiten kann dazu führen, dass das Nötige allen vorenthalten bleibt.

Also gut. Ein Standortpfarramt.

Konkret und im Fall meiner beruflichen Zukunft ein Pfarramt bei Menschen, die in der Gesellschaft einen ziemlich schwachen Stand haben. Menschen, die das tun, was Deutsche doch seit 1945 eigentlich nie wieder tun wollten. Menschen, die Gewalt anwenden gegen Menschen. Die zurückschlagen. Die Blut vergießen.

Wohl wahr, was Soldaten tun, ist hässlich.

Gelegentlich machen sich besonders gute Christenmenschen auf, verlassen das geheizte Wohnzimmer oder den klimatisierten kirchlichen Konferenzraum und demonstrieren für den Frieden. Stellen ihr Christentum als Zeichen moralischer Überlegenheit in die Welt.

Sie leiden nicht an Gewissenqualen, wie es militärisch Verantwortlichen gar nicht so selten passiert. Für sie ist die Welt ganz klar. Auch ein Standort. „Frieden, Frieden!“ zu rufen, das soll reichen.
Auch ein Standort, schon. Freilich ein ganz anderer Standort als der der Reformation, unter dem Kreuz.
Unter dem Kreuz lerne ich nämlich, mit dem eigenen Zwiespalt und mit der ganzen Zwiespältigkeit dieser noch nicht erlösten Welt zu leben. Ich lerne, erst einmal im Blick auf mich selbst zu akzeptieren: Nichts ist perfekt, auch der beste Wille und die höchste Absicht bringt oft nur Schlechtes hervor. Ich bin der Gnade Gottes bedürftig. Dennoch aber bin ich gefordert, in der Welt zu handeln. Meine unverlierbare Menschenwürde – sie verlangt danach, im Handeln bewährt zu werden. So verloren ich oft genug bin mit meinen Handlungsmöglichkeiten und meiner beschränkten Einsicht in Wirkung und Folgen: Die Hände bequem in den Schoß legen, das kann ich nicht, das darf ich nicht.
Jedes Tun, das mir möglich ist, ist ein Handeln – auch das Nichtstun. Vor dem 20. Juli 1944 entschieden sich Offiziere der Wehrmacht dafür, Blut zu vergießen und Hitler zu ermorden. Ein Bruch ihres Diensteides und ein Verstoß gegen das sechste Gebot, keine Frage. Doch Hitler nicht töten zu wollen, das hätte bedeutet: Ihn bewusst gewähren zu lassen und so indirekt den Tod vieler anderer Menschen zu bewirken. Nicht-Handeln gab es nicht. Und der Rat eines besonders frommen Zeitgenossen von heute, doch einfach darum zu beten, dass Hitler das Morden sein ließe: Mir zumindest scheint das zu billig. Denn bevor ich Gott um etwas bitte, sollte ich das Meine wenigstens versucht haben.
Gewalt anzuwenden, damit zum Beispiel die Aggression der Islamisten in Afghanistan nicht immer noch schlimmer wird und sich nicht eines Tages auch noch der Herrschaft im benachbarten Atomwaffenstaat Pakistan bemächtigt – das ist eine an sich schlimme, blutige, gefährliche Sache, deren Erfolg keineswegs garantiert ist. Nur: Was wäre, da unsere Welt so vertrackt ist, wie sie ist,

denn die saubere Alternative? Tee trinken mit den Taliban? Kein Erfahrungswert spricht für den absehbaren Erfolg dieses Vorschlags.

Ein Vertreter der koptischen Christen in Ägypten ließ sich neulich zitieren, er wolle lieber durch die Hand eines ägyptischen Muslims getötet werden, als die Amerikaner um Hilfe zu rufen. Womöglich kann einem solch eine Haltung von einer bestimmten Auslegung der Bergpredigt her sogar Respekt abnötigen: Die andere Backe hinhalten! Aber würde dieser Christ auch seine Ehefrau oder sein Kind widerstandslos der Mörderhand hinhalten wollen? Und in welcher Lage muss ein Mensch überhaupt sein, der sich so äußert und von den Medien seines muslimisch dominierten Landes dafür Beifall bekommt? So reden nicht Menschen, die frei sagen können, was sie umtreibt. So reden Geiseln. Nein, militärische Gewalt ist dagegen bestimmt kein Allheilmittel. Eilfertige Verleugnung von Problemen und alles irgendwie ähnlich zu finden, das heilt aber auch nichts. Schon hier bei uns machen wir doch, wenn wir ehrlich sind, die Erfahrung, dass ein offener Dialog mit Fanatikern nicht funktioniert und Gesprächsbereitschaft schnell missbraucht und hintergangen wird. Sollte global besser, harmloser sein, was schon hier nicht klappt? Die Welt fügt sich nicht unserem Wunschdenken. Für den Triumph des Bösen genügt, dass die auf der anderen Seite nichts tun; doch wohl keine erledigte Spruchweisheit aus grauer Vorzeit.

Dass selbst im universitären Milieu europäisch-aufgeklärte Standards bereitwillig geopfert werden und das Wort „kritisch“ im interreligiösen Rahmen ganz ergeben-unkritisch zum Schimpfwort wird, ist kein Zeichen geistiger und moralischer Stärke. Freiheit und Pluralität leben aus der Kritik. Die Scheu vor Auseinandersetzung, die Furcht davor, eigene Ansichten und Prinzipien zu vertreten, die züchtet bei den Anderen Verachtung – und noch nicht einmal zu Unrecht!

Wir kommen um das unpopuläre, riskante, in seinem Erfolg unsichere Handeln nicht herum, wenn wir vor kommenden Generationen nicht als die dastehen wollen, die sehenden Auges die Erde Fanatikern überlassen haben. Mein Glaube jedenfalls verlangt nach Übernahme von Verantwortung in der Welt. Ein

Mensch, der der Gnade Gottes würdig ist, gestaltet seine Welt nach dem Maßstab von Recht und Freiheit.

Ganz sicher heißt der evangelische Standort nicht: Die Waffen segnen! Er heißt ganz sicher nicht: Krieg ist gerecht! Er heißt aber: Diese Welt fordert Verantwortung. Verantwortung schließt unpopuläre Entscheidungen ein. Wer Verantwortung wahrnimmt, steht auch einmal als der Bösewicht da. Und wer verantwortlich handelt, entscheidet auch einmal falsch. Das gehört zum Menschenleben. Wir haben in der Welt verantwortlich zu handeln, ohne die Garantie zu besitzen, dass wir immer alles richtig einschätzen und mit unserem Handeln Erfolg erzielen. Verantwortung riskiert Scheitern und Schuld. Übrigens nicht nur in militärischen Belangen, sondern so ziemlich überall im Leben.

In der Erziehung junger Menschen riskiere ich, falsch zu entscheiden, der Bösewicht und Buhmann zu sein, wenn ich nicht alles geschehen lasse. Aber einfach nichts zu tun, wäre feige und billiges Erkaufen von Beliebtheit. Der Anspruch, dass jemand lernen und seine Begabungen entwickeln will, den habe ich nicht nur privat; darauf zu bestehen, das schulde ich zu allererst jedem jungen Menschen. In der Kirchengemeinde könnte ich auch den Netten spielen und es unterlassen, gefährlichen Entwicklungen entgegen zu treten. Aber um nur nett zu sein, dafür bin ich nicht ordiniert.

Mein künftiges Standortpfarramt dient Menschen, die es als Soldaten riskieren, schuldig zu werden. Die es aushalten müssen, nicht nur Todesgefahr ausgesetzt zu sein, sondern auch selbst zu töten oder das Töten anderen Menschen zu befehlen. Nie ist sicher, dass eine Entscheidung die richtige war. Keine Situation kann wirklich vorher ganz geprobt und durchdacht sein, immer fordert das Leben mehr, als ein Mensch erkennen und entscheiden kann.

Gewalt üben, damit Gewalt und Unrecht nicht überhand nehmen: Eigentlich ein schlimmer Widerspruch in sich selbst. Immer muss der Friede das erste Ziel sein. Gewaltfreiheit ist eigentlich immer besser als Gewalt. Das stimmt schon. Nur: Hätten vor siebzig Jahren die Amerikaner sich oberflächlich auf die Forderung der Gewaltfreiheit berufen, dann säßen wir jetzt nicht als freie Menschen beieinander. Wir Deutsche sind nämlich, bei Licht besehen, die größten Nutznießer einer militärischen Intervention im zwanzigsten Jahrhundert, wären wir die Nazidiktatur aus eigener Kraft doch kaum losgeworden. Zum Menschenbild der Osterbotschaft gehört für mich, dass Gott Menschen nicht nur das Leben gibt, sondern auch die Freiheit, ein eigenes, aufrechtes Leben zu leben. Dem Gott, der die Sklaven aus Ägypten geführt hat und am dritten Morgen den Tod besiegte, dem entspricht, dass wir nicht zu Sklaven werden sollen. Nur ruhig bleiben und hoffen, dass zu allem entschlossene Feinde der Freiheit uns vielleicht doch verschonen, das wäre Verrat am Exodus und an Ostern. Der biblische Gott ruft in die Freiheit. Ihm ist nicht egal, was ich aus gerade meinen Möglichkeiten in dieser Welt mache. Schließlich liebt er mich.

Die Pfarrer kommen und gehen. Das ist gut so. Denn eine Gemeinde lebt aus dem Evangelium und nicht aus der Person seines Predigers. Kirche lebt nicht daraus, dass sie modisch ist, dass sie den Leuten gerade heute gefällt oder ins Schema des angesagten Spaßhabens hineinpasst. Das Wort vom Ostermorgen: „Er ist nicht hier, er ist auferstanden, was sucht ihr den Lebenden bei den Toten?“ ist mächtiger als alles Getue und Gemache des Gemeindemanagements – und es wird alle Krisen im Gemeindeleben überdauern.

Auf ihrem Standort, unter dem Kreuz, da hat die Gemeinde es nicht nötig, gefallen zu wollen, sich anzubiedern mit spaßigen Events oder allen möglichen Angeboten des Zeitvertreibs, und Werbekampagnen für die vermeintliche Heimat Kirche braucht es unter dem Kreuz erst recht nicht. Unter dem Kreuz stehen wir ungeschützt, aber geborgen in der Treue Gottes, der Himmel und Erde geschaffen hat und das Werk seiner Hände nicht loslässt, welche Wege wir auch gehen mögen. Wir gehen in eigener Verantwortung. Das ist nicht leicht und billig, aber gut so. Darüber steht, dass der Gott Israels, der Vater Jesu Christi, stärker ist als alle Mächte und Gewalten. Amen.

(2011)

Ein Schaf bin ich nicht

Einführung ins Militärpfarramt

Wenn ein Mensch hundert Schafe hätte und eins unter ihnen sich verirrte: Lässt er nicht die neunundneunzig auf den Bergen, geht hin und sucht das verirrte?
Matthäus 18,12

Liebe Gemeinde!
So recht ein Jesus-Text! Der gute Hirte lässt kein einziges seiner Schafe im Stich, er geht jedem hinterher, sei es auch auf dem gefährlichsten Abweg. Bei Jesus bist Du gut aufgehoben, so krumm Dein Lebensweg auch sein mag.
So recht ein Jesus-Text. Und so richtig ein Motto für die Seelsorge, für die Militärseelsorge zumal.
Allerdings: Ich hatte, um ehrlich zu sein, mit dem Bild vom Hirten und den Schafen schon immer ein Problem. Denn ein Schaf ist ja sicherlich ein liebes, sympathisches Tier. Aber ein Schaf ist eben ein Schaf, das heißt: Wenigstens nach landläufiger Meinung ziemlich doof. Ein verirrtes Schaf wird sich willig zur Herde zurückführen lassen. Es unterwirft sich brav dem Willen, dem Stecken des Hirten. Ein Schaf ist Kleinvieh. Das macht bekanntlich auch Mist, doch nur kleinen Mist.
Ich bin kein Schaf – und stolz darauf. Ich bin ein Mensch. Ich bin dazu ausgestattet, meinen eigenen Weg zu gehen. Ich brauche, ich will keinen menschlichen Hirten, ja, es gehört zum Menschsein, zum aufrechten Gehen, dass ich mich gegen solche anderen Menschen auflehne, die mir einen Weg vorschreiben und mich ständig behüten wollen. Die Kehrseite davon ist: Ich mache zuweilen sehr großen Mist, ich riskiere, mich gerade durch meinen Intellekt in Gefahr und ins Abseits zu begeben. Der Abweg ist dann mein ganz eigener Abweg. Aber besser

ist es doch, ein Mensch irrt und ist darin er selbst, als er folgt immer nur der Herde. Sich zu verfehlen, das macht den Menschen aus. Das adelt ihn vor Tier und Maschine. Ich möchte das nicht missen. Nicht bei mir und nicht bei anderen Menschen.

Das Bild vom Schaf und dem treuen Hirten hat also seine Grenzen. Eigentlich sagt es viel zu wenig, wenn es ausdrücken soll, was Jesus für uns Menschen ist. Jesus gibt sich selbst nicht für ein harmloses und liebes Schäflein dran, sondern für mich, den Menschen, der nach biblischer Aussage im Herzen böse ist von Jugend auf. Darunter tut Gottes Liebe es nicht: Treu bleiben denen gegenüber, die untreu sind, die Gutes mit Bösem vergelten, sich für Wohltat mit Hohn und Spott revanchieren, aus Prinzip undankbar sind. Den Guten und Braven lieben – das kann jeder. Gott liebt die Menschen, gerade in ihrer Bosheit. Seine Liebe hält das Böse aus. Das ist die Kernaussage des Evangeliums, schonungslos gegenüber dem Menschen, restlos vertrauend auf Gottes Zuwendung.

Der Vater Jesu Christi, der Gott Israels, von dem die Bibel vielfältig und vielstimmig erzählt, ist viel mehr, viel treuer, viel einsatzbereiter als ein guter Schafhirte.

Gegenüber dem Bild vom Hirten ist also eine deutliche Reserve angebracht.

Der Ehrlichkeit halber ist freilich auch Reserve angebracht gegenüber vollmundigen Zusagen, die Seelsorge betreffend.

Ja, Seelsorge soll und muss für alle da sein. Für kirchlich gebundene und randständige Menschen. Für nette und für komplizierte. Für erfolgreiche und für solche, die als Versager gelten. Ich will hier Ihr Standortpfarrer sein, ein offenes Ohr und Geduld haben für alle Anliegen. Richtig so. Nur hat das in der Wirklichkeit seine Grenzen.

Meine Zeit und meine Kraft sind begrenzt. Meine Geduld ist es aller Erfahrung nach erst recht. Der Einfühlung in den Menschen, der einem gegenüber sitzt, sind immer wieder Grenzen gesetzt, gerade dann, wenn Pfarrer und Gesprächspartner aus ganz unterschiedlichen Erlebnis- und Erfahrungswelten kommen.

Ich kann, ehrlicherweise, nicht versprechen, wirklich jederzeit und ohne Grenze immer so für jeden da zu sein, wie es eigentlich nötig und richtig wäre. Jede Kommunikation geht einmal daneben. Sich das von vornherein einzugestehen, ist wohl der beste Weg, schlimmen Schäden vorzubeugen.
Was Seelsorge und Predigt aber können, was ihr ganz eigentlicher Auftrag ist, das ist dies: Hinweisen. Hinweisen auf den, der wirklich alles trägt und versteht. Auch wo ich mit einem Menschen nicht klarkomme, Ohr und Herz nicht mehr erreiche, da wird Gott nicht fallen lassen. Weil er viel mehr ist, als ein treuer Schafhirte. Weil er Verbündeter des Menschen ist und bleiben will, über alle menschlichen Brüche und Abgründe hinweg.
Die Militärseelsorge hat es mit Menschen zu tun, die das tragen, was in einer Gesellschaft, die für ihre Besitzstände weder Opfer bringen noch gar Opfer hinnehmen will, viele nicht gutheißen, jedenfalls nicht verstehen und von sich drängen. Vornehmlich im kirchlichen Milieu hat der Beruf des Soldaten mit sehr viel Vorurteil zu kämpfen, meinen da doch nicht wenige, alles könnte doch auch gewaltfrei gelöst werden auf dieser Erde, mit ein bisschen Kompromissbereitschaft.
Der Dienst des Soldaten steht dafür, dass es eben oft nicht geht mit dem guten Willen. Dass es Konflikte gibt, wo um den Einsatz von Gewalt beim besten Willen kein Weg herumführt. Dass Menschen sich die Hände dreckig und, jawohl, blutig machen müssen, um noch Schlimmeres zu verhindern. Soldaten halten den Kopf hin, wenn alle Mittel der Politik versagt haben. Damit halten sie nicht nur der Politik, sondern dem Menschen überhaupt den Spiegel vor. Das macht nicht beliebt. Das zertrümmert manches Wunschbild von einer heilen Welt. Das führt dann auch bei denen, die sich ihre Heile-Welt-Wunschbilder nicht gern zertrümmern lassen, schnell zu moralischen Anklagen. Als ob sich nicht Soldaten am allermeisten eine friedliche Welt wünschten! Als ob nicht sie, die das schreckliche Angesicht des Krieges aus eigenem Erleben kennen, den allerbesten Grund hätten, Krieg für immer abgeschafft sehen zu wollen. Sie halten ja

nicht nur den Körper, sie halten mindestens genauso ihre Seele hin, leiden oft ein Leben lang unter Dingen, die sie mit ansehen oder gar tun mussten.

Niemand hätte mehr Grund, eine zum Krieg geneigte Politik kritisch zu befragen, sich entschiedener gewaltfreie Konfliktlösungen zu wünschen als Soldaten; denn am Ende hängt die Drecksarbeit doch an ihnen.

Am Dienst des Soldaten kommt die ganze Zwiespältigkeit der menschlichen Existenz zum Vorschein: Sich den Frieden wünschen – und dennoch, nein: gerade deshalb, zuweilen Krieg vorbereiten und führen müssen, damit Unfreiheit und Fanatismus nicht ganz den Triumph erringen auf dieser Erde.

Das provoziert diejenigen, die aus eigener Kraft gut sein wollen und die Zwiespältigkeit der Menschenexistenz hinwegleugnen.

Genauso aber schreit das nach einer anderen Welt, in der mit gutem Willen tatsächlich das Gute geschaffen werden kann, in der nicht jeder hoffnungsvolle Ansatz sofort versandet, in der Hass und Missverständnis überwunden sind. Christlich gesprochen, schreit das nach Erlösung.

Nein, Menschen sind keine Schafe. Das ist gut so. Denn Schafe sind zwar lieb, aber doof und langweilig. Der Mensch ist nicht lieb, dafür spannend. So spannend, dass Konflikte eben da sind, absehbarer Weise bis zum Ende dieser Erdenzeit, dass Erlösung nicht billig zu haben ist, dass auch militärische Gewalt manchmal sein muss.

Die Seelsorge an Soldaten steht für Gottes Treue zu seinen Menschen, die das Bild vom guten Hirten unendlich übersteigt. Gott hält seinen Bund, selbst dort, wo unsere Treue zerbricht. Er steht zu uns, wo wir ihn verlassen und verhöhnen. Das Sterben des Gekreuzigten auf Golgatha gilt eben nicht nur den wenigen treuen Jüngerinnen und Jüngern, es gilt den Verrätern und Verleugnern, es gilt den Mächtigen, die Jesus ans Kreuz bringen, es gilt der Menge, denen sein Todeskampf ein zynisches Feiertagsvergnügen ist. Darunter tut es Gottes Liebe nicht. Mit weniger gibt seine Leidenschaft für den Menschen sich nicht zufrieden.

Das Kreuz Jesu gilt dem Soldaten, der in Erfüllung seines Dienstes etwas getan hat, mit dem er nicht klar kommt, wofür er vielleicht öffentliche Anklage erfährt. Es gilt dem, der sich selbst nicht mehr versteht und für sich selbst keine Rechtfertigung mehr findet. Und: Das Kreuz gilt zuerst und zuletzt auch unseren Feinden. Es sagt unter den Augen eines bedingungslos menschenfreundlichen Gottes denen Erlösung zu, die im Namen eines anderen, harten, despotischen Gottes eine Weltordnung erstreben, unter der kein vernünftiger, freiheitsliebender Mensch leben wollen kann. Die Liebe des Gottes Jesu Christi lässt auch den hinterhältig für einen anderen Gott kämpfenden Talib nicht fallen. Das ist weder Grund noch Ausrede, auf dieser Erde keinen Widerstand zu leisten gegen jene fanatische Ideologie des menschenfeindlichen Gottesstaates, ganz im Gegenteil. Freiheit und eine einigermaßen vernünftige Ordnung gibt es unter den Bedingungen dieser Welt nicht zum Nulltarif. Dafür steht der Einsatz unserer Soldaten, der Dank und Unterstützung verdient hat, gerade im Horizont des Evangeliums. Das Evangelium vom Gott Jesu Christi gibt aber diesem Einsatz den Blickwinkel der Menschlichkeit. Das letzte Wort ist nicht die Entscheidung zwischen Fanatismus und aufgeklärter Welt – so entschiedenen Widerstand der fromme Fanatismus auch finden soll. Das letzte Wort ist die unendliche Menschenliebe Gottes.

Wir sind keine Schafe. Wir sind Menschen. Menschen mit eigenen Gedanken und Hoffnungen, mit Stärken – und genauso mit Schwächen. Gut, dass das allerletzte Wort nicht unser Wort ist, dass es schon gesprochen wurde, am dritten Morgen in Jerusalem, als das Leben den Tod besiegt hat, für alle.

Dieser Gott ist unendlich mehr als ein treuer Schafhirte. Er nimmt es mit dem Menschen auf und bleibt dem Menschen treu. Amen.

(2011)

Dienen, ein Gleichnis

Gottesdienst zur Gelöbnisfeier

Der Menschensohn ist nicht gekommen, dass er sich dienen lasse, sondern dass er diene und gebe sein Leben zu einer Erlösung für viele.
Matthäus 20,28

Liebe Gemeinde, besonders liebe Rekruten!
Sie sind da, um zu dienen. Dienen! Ein altmodisch klingender, auch anstößiger Begriff. Wer dient, macht sich klein. Wer dient, hat nichts zu sagen. Wer dient, muss auf andere Leute hören.
Das scheint ziemlich unattraktiv. Kein Wunder, dass anscheinend kaum jemand freiwillig zur Bundeswehr kommen will. Heute will man doch sein eigener Herr sein, nicht dienen, sondern selbst bestimmen. Tun, was man selbst für richtig hält.
Da passt es doch erst einmal ganz wunderbar ins Konzept, wenn Jesus über sich sagt, er sei schon gekommen, um zu dienen. Er lässt sich nicht dienen. Jesus dient für alle, wir sind fein heraus. Gott liebt uns, alle ohne Unterschied, was tut's also, ob ich etwas für die Gemeinschaft leiste oder nur an mich denke?
Wer so dächte, wäre aber wohl auf dem Holzweg, ganz ungeachtet aller klammheimlichen oder offenen Zustimmung. Dass Gott uns in Jesus gedient hat und immer noch dient, das bedeutet gerade nicht: Ich bin fein heraus, weil sowieso egal ist, was ich tue. Für den christlichen Glauben gehört zum Empfangen immer das Weiterreichen, zum Nehmen immer das Geben.
Wir haben empfangen: Manche gute Eigenschaft und Ausstattung. Hände, Füße, Augen, Ohren, einen mehr oder weniger ausgeschlafenen Geist, Gefühle, Sprache, Ausdauer, Kraft, Hoffnung. Jeder hier ist ein ganz eigener Mensch. Ein Einzelstück. So nur ein einziges Mal vorhanden im großen weiten Universum.

Ein unverwechselbares Gesicht, eine Stimme, an der jeder einzelne Mensch erkannt wird, eine eigene Art zu gehen, aufzustehen, sich hinzulegen. Jeder hier hat seine eigenen Begabungen, Vorlieben, seine eigenen Gedanken – hoffentlich! –, doch auch Schwächen und wunde Stellen. Jeder hier ist ein ganz eigener Mensch, der viel ins Leben mitgebracht hat. Womöglich haben Sie gerade in den ersten Wochen bei der Bundeswehr Kräfte in sich erfahren, Seiten an sich entdeckt, die im braven Zivilleben vorher noch geschlummert hatten.
Also: Jeder hier hat etwas ins Leben mitbekommen, was in dieser Kombination nur er selber hat. Aber das verdankt keiner sich selbst. Ich bin nicht mein eigenes Geschöpf. Da haben manche mitgewirkt: Eltern, Freunde, Lehrer. Und ein ganz Anderer hat auch noch die Finger im Spiel gehabt. So glaube ich wenigstens. Das alles, dass ich ich bin und Du Du, ist ein Geschenk, eine unverdiente und unverschämte Gnade.
Wenn ich aber so viel ins Leben mitbekomme, dann gehört es sich doch eigentlich, dass ich daraus etwas mache. Dass ich meine Begabungen und Kräfte einsetze. Für mich – und erst recht für andere Menschen. Und so liegt das Dienen, das Teilen meiner Möglichkeiten, doch eigentlich ganz wesentlich im Menschsein.
Wer das, was er mitbekommen hat ins Leben, nur für sich will, es nicht einsetzt, nichts daraus macht, weder für sich noch für andere Menschen, der verrät sein Menschsein. Und der verrät, im Sinne des Glaubens, seinen Schöpfer.
Gott dienen in dem Sinne, dass wir uns bei ihm den Himmel erarbeiten, das müssen wir nicht. Den Himmel könnte sich keiner aus eigener Kraft und in eigener Vollkommenheit oder gar Herrlichkeit erwerben. Den Himmel bekommen wir geschenkt, aus Gottes Liebe ganz allein. So wahr am dritten Morgen in Jerusalem das Grab leer war, so wahr der am Kreuz Hingemordete lebte. Was könnten wir, was könnte ich dem großen Lebens- und Himmelsgeschenk Gottes aus meiner Kraft hinzufügen? Nichts! Und ich soll mir auch nicht einbilden, ich

könnte Gott etwas anbieten, um mich bei ihm Liebkind zu machen. Das würde ihm zu nahe treten. Denn er liebt mich ohnehin, einfach, weil er mein Gott ist. Wenn ich Gott also nicht dienen, mir von ihm nichts erkaufen kann, so werde ich aber umso mehr den anderen Menschen dienen. Ich werde das riesengroße Geschenk Gottes, für das ich mich bei Gott niemals revanchieren kann, dadurch rechtfertigen, dass ich dazu beitrage, dass das Leben anderer Menschen besser wird, freier, heller, menschlicher. Das ist Gottesdienst im christlichen Sinn: Anderen Menschen ein Helfer sein, ein Freund. Dafür sorgen, dass alle etwas abbekommen von dem, was Gott mir geschenkt hat. Nicht fromme Sprüche, nicht religiöse Übungen lassen erkennen, ob ein Mensch an Gott glaubt, sondern die Art, wie er mit anderen Menschen umgeht, ob er empfangene Liebe weitergibt.
Der Dienst des Soldaten ist ein ganz besonderer Dienst. Nicht zufällig meint ja die Frage: „Hast du gedient?“ eigentlich: „Warst du Soldat?“!
Ein Soldat dient der Gemeinschaft, indem er, direkt gesagt, die Drecksarbeit erledigt. Ein Soldat hält im Konflikt, dann, wenn die anderen Mittel der Politik versagt haben, den Kopf hin. Ein Soldat riskiert im Extremfall, getötet oder verwundet zu werden. Ein Soldat riskiert genauso, zu töten oder zu verwunden. Er hält seinen Leib hin, für die Politik, für den Staat, für seine Gemeinschaft. Und er riskiert dabei genauso die Verwundung seiner Seele. Denn wer ein Mensch ist, ist verletzbar und steckt nicht alles einfach so weg. Mutig, wer dazu steht.
Sie dürfen stolz sein auf diesen Dienst. Denn Ihre Drecksarbeit ermöglicht vielen anderen Menschen den oft viel bequemeren zivilen Alltag. Die nun ausgelaufene Wehrpflicht hat in unserem Land auch die Freiheit ermöglicht und geschützt, keinen Dienst an der Waffe zu leisten. Auch die Freiheit der Kirche, offen und ohne politische Deckelung das Evangelium zu predigen, ist durch den Dienst von Soldaten bewahrt worden. Es gibt genug Länder, in denen das Evangelium von Jesus Christus nicht frei gepredigt werden kann. Bilde sich keiner ein, Freiheit sei selbstverständlich oder zum Nulltarif zu haben!

Das wird auf absehbare Zeit auch so bleiben. Zwar haben wir heute in Europa keine verfeindeten Nachbarstaaten, von keinem Nachbarland droht uns Gefahr. Doch dass die Freiheiten, die uns selbstverständlich scheinen, nicht selbstverständlich sind, das erleben Ihre Kameraden bei der Bundeswehr in den Auslandseinsätzen. Es ist nicht egal, ob ein Mensch sein religiöses Bekenntnis frei wählen kann, seinen Glauben nach eigener Gewissensüberzeugung wechseln, die herrschende Religion kritisieren darf. Es macht einen Unterschied, ob Frauen verschleiert gehen müssen und von der Schule ausgeschlossen sind, weil sie doch ins Haus gehören – oder ob Frauen ihr individuelles Leben gestalten dürfen wie Männer auch. Weltweit besteht die Herausforderung, für Freiheit und Aufklärung und auch für die Freiheit der Religion zu streiten. Verteufeln und Schwarz-Weiß-Malen hilft nicht weiter; Beschönigung aber auch nicht.

Sie dienen: Einem demokratischen Staat, letztlich der Freiheit auf dieser Erde. Weil Sie der Freiheit dienen, ist aber wichtig, dass Sie dabei auch Sie selbst bleiben. Dass Sie wissen und vertreten können, was Ihr Dienst ausrichtet. Im Dienst an der Freiheit kann ein Tun niemals schon deshalb richtig sein, weil es befohlen wurde. Sicherlich, Sie können davon ausgehen, dass Ihre Vorgesetzten und Ausbilder im Prinzip schon wissen, was nötig ist und dass Sie nicht auf kriminelle Abwege kommandiert werden. Doch verlangt der christliche Glaube – und das Grundgesetz nicht minder – von Ihnen selbst die Gewissensprüfung über Ihr Tun. Sie sind nicht Leibeigener des Staates, Sie können sich nicht auf den Befehl eines Vorgesetzten herausreden, nein: Sie sind persönlich gefordert, in die Verantwortung gerufen, wenn es hart auf hart geht. Denn Sie sind Bürger, nicht Untertanen. Und Sie sind als Christenmenschen Geliebte Gottes und nicht Sklaven eines allmächtigen Despoten.

Freiheit ist anstrengender als Sklaverei. Der Freie muss einstehen können für das, was er tut und lässt. Während sich der Sklave immer billig auf Befehle herausreden kann. Sie als Bürger in Uniform sind zuerst und zuletzt selbst Ihrem Gewissen verantwortlich.

Ja, Sie machen sich klein, indem Sie dienen. Sie stehen elend früh auf, kriechen durch den Dreck, erdulden Drill, tun, wofür viele nur Achselzucken oder Kopfschütteln übrig haben. Aber eigentlich ist das etwas enorm Großes. Sie nämlich tragen am Ende dazu bei, dass auf dieser Erde nicht alles kippt, dass Vernunft und Freiheit und Menschenrechte nicht den Bach runtergehen. Sie dienen anderen Menschen mit den Begabungen, die Sie haben, manchmal vielleicht auch dadurch, dass Sie Phasen der Langeweile, ja des Stumpfsinns durchstehen.

Sie dienen. In den Augen des Glaubens ist das ein Gleichnis. Sie geben etwas her von Ihrer Lebenszeit, von Ihrer Kraft, von Ihren Begabungen, damit alle davon etwas haben. Christus gab alles hin, damit alle alles haben. So groß kann und wird Ihr Dienst nie werden. Das muss er auch nicht. Den Himmel muss und wird kein Mensch sich verdienen; der Himmel ist Gottes Geschenk.

Aber auf der Erde, da können und sollen wir etwas tun, damit nicht höllische Verhältnisse überhand nehmen. Wer dazu beiträgt, dass diese Erde einigermaßen frei bleibt und menschenfreundlich, der dient. Der leistet Gottesdienst im Dienst am Nächsten. Amen.

(2011)

MIX
Papier aus verantwortungsvollen Quellen
Paper from responsible sources
FSC® C105338

Printed by Books on Demand GmbH, Norderstedt / Germany